招招狠象棋全攻略破解系列

战术妙招

傅宝胜　朱兆毅　主编

时代出版传媒股份有限公司

安徽科学技术出版社

图书在版编目（CIP）数据

战术妙招 / 傅宝胜，朱兆毅主编. --合肥:安徽科学
技术出版社,2017.7(2022.6 重印)
（招招狠象棋全攻略破解系列）
ISBN 978-7-5337-7218-5

Ⅰ.①战…　Ⅱ.①傅…②朱…　Ⅲ.①中国象棋-基
本知识　Ⅳ.①G891.2

中国版本图书馆 CIP 数据核字（2017）第 115922 号

战术妙招　　　　　　　　　　　　　　　傅宝胜　朱兆毅　主编

出 版 人：丁凌云　　　　选题策划：刘三珊　　　　责任编辑：杨都欣
责任印制：梁东兵　　　　封面设计：吕宜昌
出版发行：安徽科学技术出版社　　　http://www.ahstp.net
　　　　（合肥市政务文化新区翡翠路 1118 号出版传媒广场,邮编:230071)
　　　电话：(0551)63533330
印　　制：三河市人民印务有限公司　　　电话:(0316)3650588
（如发现印装质量问题,影响阅读,请与印刷厂商联系调换）

开本：710×1010　1/16　　　印张：10　　　字数：180 千
版次：2022 年 6 月第 2 次印刷

ISBN 978-7-5337-7218-5　　　　　　　　　　定价：29.80 元

版权所有,侵权必究

前　　言

　　象棋历史悠久,是中华民族的文化瑰宝,集科学性、艺术性、竞技性、趣味性于一体,以其特有的魅力,吸引着数以万计的爱好者。

　　象棋在培养逻辑思维能力、形象思维能力、空间想象力、指挥能力、应变能力、比较选择能力、计算能力以及大局意识等方面都大有裨益,同时也可以陶冶情操、锻炼意志。

　　本套书中,《入局飞刀》的精妙、《流行布局》的理念、《战术妙招》的组合、《中局杀势》的明快、《杀王技巧》的过程、《妙破残局》的功夫、《和杀定式》的套路、《江湖排局》的奥妙,皆一览无余地展现在读者面前。读者通过本套书的学习,必能迅速提高象棋水平。

　　参加本套书编写的人员有朱兆毅、朱玉栋、靳茂初、毛新民、吴根生、张祥、王永健、吴可仲、金宜民。象棋艺术博大精深,丛书中难免有不当之处,敬请广大读者指正。

編者

目　　录

一、实战中、残局战术妙招

第1局　妙弃双马

着法:红先胜(图1)

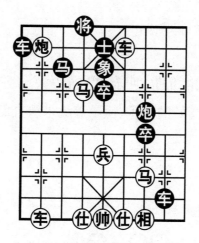

图1

1. 马六进五,马 3 退 5。

红方采用弃子战术攻杀,算度深远。

2. 车四进一,将 4 进 1。

3. 仕六进五,马 5 进 7。

4. 车四平五,车 8 退 4。

5. 炮八退三,车 1 平 2。

6. 车八平六,炮 7 平 4。

7. 炮八平二,炮 4 退 2。

红方自弃马后攻势如潮,黑方已疲于奔命。

8. 炮二平九……

红方精妙的运子,向战地补充兵力。

8. ……卒 7 进 1。

9. 炮九退五,卒 7 进 1。

红方再弃一马,为最后取得胜利不惜任何代价。

10. 车六进七,将 4 进 1。

11. 车五平六,车 2 平 4。

12. 炮八平六。

下一着红方采用仕五进六叫杀,黑方车必失。红胜定。

该局红方利用精妙的弃子、运子等战术组合而终局获胜。

第 2 局　弃炮入局

着法:红先胜(图2)

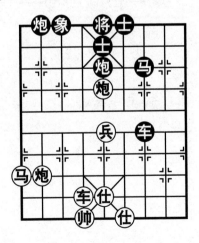

图 2

1. 马九进八,炮 2 平 1。

红置中炮于马口而不顾,现又跃马再弃八路炮,着法凶悍至极。黑如改走炮2进7接受红方弃炮,红则车六进八杀。黑如马7进5,红则炮八进七;士5退4,车六进八;将5进1,红车六退一"进出洞"杀。

2.马八进七,炮1平2。

3.马七进九。

对黑形成双重威胁,妙极、恶极！兼有马九进七和潜在的"铁门栓"双重杀着。至此,红胜。黑如续走象3进1,红则车六进八杀;黑如马7进5,红则马九进七杀。

此局红方利用弃子战术取胜。

第3局 勇弃双车

着法:红先胜(图3)

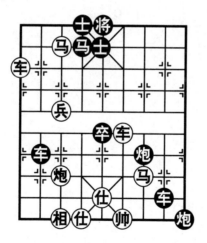

图3

1.炮七平五,车8进1。

2.帅四进一,车8退9。

3. 车四进四,车 2 退 6。

红方进车胁士伏大刀剜心之凶招,黑退车防守实属无奈。

4. 车九平二,车 8 平 7。

5. 车二平四,炮 7 平 5。

6. 马三进五……

红大胆弃车! 算度深远。

6. ……士 5 进 6。

7. 车四平六,将 5 平 6。

8. 炮五进二,炮 9 平 3。

9. 车六进一,车 2 平 4。

红方继续贯彻弃子方针,再弃一车疏通马路。红方将弃子战术发挥得淋漓尽致。

10. 炮五平四,士 6 退 5。

11. 马五进四,士 5 进 6。

12. 马四进三。

双将,红胜。

第 4 局　运子伏击

着法:黑先胜(图 4)

1. ……车 8 进 9。

2. 帅四进一,卒 7 平 6。

4. 车三平四,象 3 进 5。

黑此招飞象,施展运子战术,暗设埋伏。

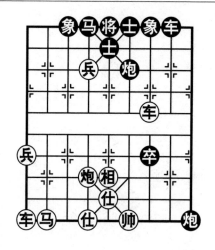

图 4

4. 车九进二,车 8 退 1。

5. 帅四退一,炮 6 平 7。

6. 车四平三……

红车只能含恨跳入陷阱,否则不能解杀。

6. ……象 5 进 7。

至此,黑胜定。

第 5 局　双鬼拍门

着法:黑先胜(图 5)

1. ……马 3 进 5。

黑马被捉,现索性以马踏仕组织进攻。如改走马 3 退 5,则索然无味。在少卒的情况下,不宜久战。

2. 仕六进五,车 8 进 5。

3. 车九平六,车 8 平 5。

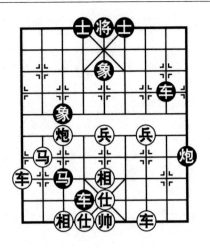

图 5

4. 帅五平四,车 5 平 6。

5. 帅四平五,炮 6 平 5。

闷杀。

该局集弃子、闷将战术于一体,弈来精彩万分。

第 6 局　骏马驰骋

着法:红先胜(图 6)

1. 马六进七,车 6 进 3。

红方采取兑子战术,简化局势。现双方子力虽大致对等,但红方子力位置较好,可迅速入局。

2. 马七退六,车 6 退 3。

红马进退自如,轻灵飘逸,下伏马六进五踏象的凶招。

3. 马六进五,士 5 进 4。

4. 马五退六,将 5 平 6。

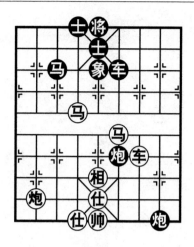

图 6

红马纵横驰骋,捉子选位,黑已难应对。

5. 仕五进四,炮 6 退 2。

红撑士解将反捉,伏车三平四再炮八平四得子之招。

6. 炮八进六,士 4 退 5。

7. 炮八进二,将 6 进 1。

8. 车三进五。

红胜。

第7局　马炮逞雄

着法:黑先胜(图7)

1. ······马 9 进 8。

2. 帅四进一······

红如帅四平五,黑则炮 2 平 5;炮五退二,炮 5 进 2,黑马后炮绝杀。

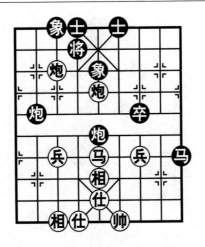

图 7

2. ……炮 2 平 5。

黑施展兑子战术,削弱对方的防守力量。

3. 炮五退二,炮 5 进 2。

4. 炮五平二,马 8 退 7。

5. 帅四退一,马 7 进 8。

6. 帅四进一,炮 5 平 9。

黑胜。

此局为兑子入局的典型例子。

第 8 局　运炮造杀

着法:红先胜(图 8)

1. 车九进五,士 5 退 4。

2. 车三平六,士 4 退 5。

3. 炮五平八……

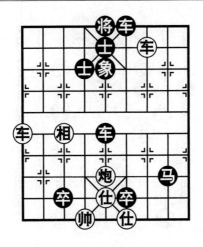

图8

红运炮造杀,千钧之力。此招为红方获胜关键。

3. ……车5平3。

4. 车九平六,士5退4。

5. 炮八进七,车3退5。

黑如士4进5,红则车六进一闷杀。

6. 车六进一,将5进1。

7. 车六退一。

红"进出洞"杀。

此局红方采用运子战术获胜。

第9局　围剿黑车

着法:红先胜(图9)

1. 车三平八,炮2平1。

红捉炮占位,制订围剿黑车计划,实施的是捉子战术。

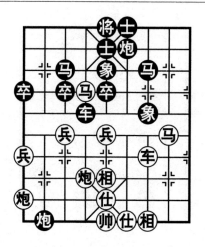

图9

2. 兵七进一,车4平3。

红进兵暗布陷阱,黑如改走车4退1,红则炮九平六打死车。

3. 马六退七……

红一计不成再施一计,继续贯彻围剿黑车的方针。

3. ……象7退9。

4. 兵五进一,卒5进1。

5. 炮九平七,车3平4。

6. 炮七平六,车4平3。

7. 前炮平七,车3平4。

8. 仕五进六。

至此,黑车被捉死,终局红胜。

第10局 运子堵塞

着法:红先胜(图10)

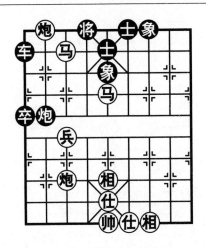

图 10

1. 马五退六,士 5 进 4。

2. 马六进四,将 4 进 1。

黑如士 4 退 5,红则马七退六;炮 2 平 4,炮八退四;车 1 进 2,炮七平六;将 4 平 5,兵七进一;炮 4 平 2,马六进七;将 5 平 4,马四进六;士 5 进 4,马六退八;士 4 退 5,兵七平六;士 5 进 4,兵六进一,红胜定。

3. 炮七平六,将 4 平 5。

4. 马四进三,将 5 平 6。

5. 马七退六,炮 2 退 1。

6. 炮六进一,车 1 进 2。

7. 炮六平四,士 6 进 5。

8. 兵七进一,卒 1 进 1。

9. 兵七进一。

红下伏马六进四杀着。黑如续走炮 2 平 4 或炮 2 进 1,红亦胜定。

该局红方利用运子、堵塞的战术组合取胜。

11

第 11 局　顿挫谋车

着法:红先胜(图 11)

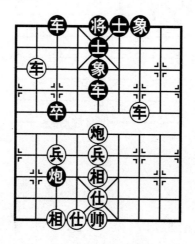

图 11

1. 车三平四,车 3 平 4。

2. 帅五平四……

红未雨绸缪,牵制黑方中车,为围歼黑方中车设下埋伏。

2. ……卒 3 进 1。

3. 兵七进一,车 4 平 3。

4. 兵七进一,将 5 平 4。

5. 车八退五……

红方借捉顿挫,吹响了围捕黑中车的进军号。

5. ……炮 3 进 1。

黑如车 3 进 4,红则车四平七;象 5 进 3,车八平七。以下红车、炮、兵必胜黑单车。

6. 车八平六,将 4 平 5。

7. 车六进四。

至此,黑中车被捉死,红胜定。

第 12 局　弃车牵制

着法:红先胜(图 12)

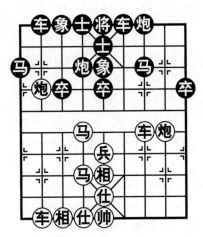

图 12

1. 车三进三,炮 4 平 7。

红弃车咬马是施展牵制战术的前奏。

2. 炮二进五……

红实施牵制战术,使黑左翼车、炮被牵,黑方前景不容乐观。

2. ……车 2 进 2。

3. 前马进四,炮 7 平 6。

4. 车八进三,卒 5 进 1。

5. 炮八平一,车 2 进 4。

6. 马六进八, 士 5 进 4。

7. 马四进二, 炮 6 退 1。

8. 炮一进三, 炮 6 平 1。

9. 炮二平四, 炮 1 平 6。

10. 马二进一, 炮 7 平 8。

11. 炮四平三。

至此, 红利用牵制战术得子, 终局红胜。

第 13 局　平炮困马

着法: 红先胜(图 13)

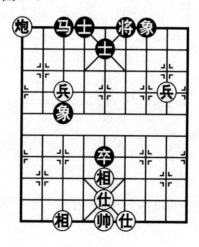

图 13

1. 炮九平八……

红平炮困马! 目前枰面上双方士(仕)、相(象)俱全。红炮、双兵攻黑马、卒。在一般情况下, 炮、双兵是不可能战胜马、卒的。现黑马被困, 红方就有胜机。

14

1. ······象 7 进 5。

2. 兵七进一,将 6 进 1。

3. 兵七进一,卒 5 平 6。

4. 兵二平三,象 3 退 1。

5. 仕五进四,卒 6 平 7。

6. 相五进三,将 6 退 1。

7. 兵三进一,将 6 进 1。

8. 兵三进一,将 6 进 1。

9. 炮八退八,象 1 进 3。

10. 炮八平四,卒 7 平 6。

11. 兵七进一,象 5 退 3。

12. 炮四进二,士 5 退 6。

13. 炮四平二,士 6 进 5。

14. 炮二退二。

红胜。

该局红方采用困子战术获胜。

第 14 局 巧困马炮

着法:红先胜(图 14)

本局黑方多子,但子力位置较差。下面请欣赏红方妙用困毙战术获胜的精彩着法。

1. 相一退三,炮 6 平 5。

红退相关炮,黑平炮打兵,针锋相对。

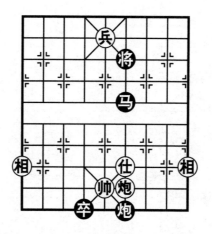

图 14

2. 兵五平四,炮 5 平 6。

红献兵的招法诡秘。如改走兵五平六,黑则炮 5 平 6;兵六平五,炮 6 平 5;兵五平六,炮 5 平 6;兵六平七,将 6 退 1,红难胜。

此时黑如接受红方献兵改走将 6 退 1,红则炮四进四去马后,再用仕为炮架照将,红胜。

3. 兵四平三,卒 4 平 3。

黑如炮 6 平 5,红则炮四进四,红胜定。

4. 帅五退一,炮 6 退 2。

5. 相九退七,炮 6 退 1。

6. 炮四进一,炮 6 退 1。

7. 炮四进一。

至此,黑将被困毙。

第 15 局　捉子取势

着法:黑先胜(图 15)

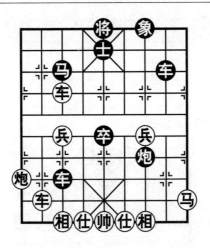

图 15

1. ……炮 7 平 3。

黑捉子,加强攻势。如改走车 3 平 1,车八进六,黑方无趣。

2. 车七平三,炮 3 进 3。

3. 仕六进五,车 3 平 1。

4. 车三进三,士 5 退 6。

5. 车八进二,车 1 进 2。

6. 车八平四,卒 5 平 6。

黑捉车兼杀,铿锵有力。

7. 车四平五,马 3 退 5。

8. 车三退三,卒 6 进 1。

黑再捉! 继续实行捉子战术。

9. 车五进二,车 8 平 4。

10. 仕五进六,将 5 平 4。

11. 兵七进一,卒 6 进 1。

至此,黑方卒入九宫,并挟退炮抽马之势,胜定。

第16局　抽将选位

着法:红先胜(图16)

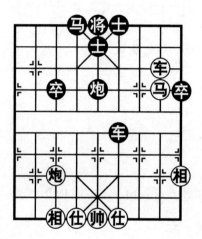

图 16

如图 16 所示形势下,黑方虽多一卒,但底马尚未投入战斗。以下请欣赏红方如何巧用抽将战术获胜。

1. 炮七平三……

红运子强攻!打造三子归边进攻的平台。

1. ……士 5 进 6。

2. 炮三进七,士 6 进 5。

3. 炮三平一,车 6 平 5。

4. 仕四进五,车 5 平 7。

5. 相七进五,车 7 退 2。

6. 车二进二,士 5 退 6。

7. 车二退一,士 6 进 5。

红借抽将选位,黑已难支撑。

8. 马二进三,将 5 平 6。

9. 车二进一,将 6 进 1。

10. 炮一退一。

红胜。

第 17 局　双重威胁

着法:红先胜(图 17)

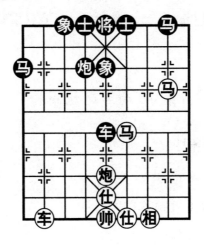

图 17

1. 车八进四,车 5 进 1。

2. 车八退一,车 5 退 1。

红通过两步捉车选位,限制了黑车的活动范围。

3. 马二进三,马 8 进 6。

4. 马三退四,车 5 退 1。

5. 后马进三,炮 4 退 1。

红双马又是两步捉子,现黑必丢子。

6. 马三进四,士 4 进 5。

7. 炮五平二,士 5 进 6。

8. 车八进五,车 5 退 1。

9. 车八平六,车 5 平 6。

10. 炮二进七,士 6 进 5。

11. 马四退二。

要杀兼捉车,红胜。

该局红方频频以捉子选位,集捉子、运子双重威胁等战术于一体,着法精妙至极。

第 18 局　运炮闷将

着法:红先胜(图 18)

1. 炮二平三,象 7 进 5。

红运炮闷将,黑飞象顺其自然。

2. 马二进三,车 3 退 1。

3. 马三进五,炮 5 退 3。

4. 炮五进五,士 5 进 6。

5. 炮三平五,马 7 进 6。

6. 前炮平六,士 6 退 5。

7. 车二平四,车 4 平 1。

8. 炮六平三。

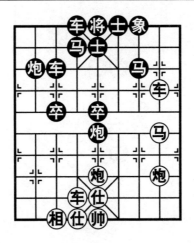

图 18

红再次平炮闷杀,黑已无法防守。

该局是闷将战术的典型例子。

第 19 局　迂回歼敌

着法:红先胜(图19)

此局黑方多卒且黑车正捉红炮。以下请欣赏红方利用迂回战术获胜的精彩着法。

1. 炮二平八,车 8 退 1。

红炮平八路,没有攻击力,其目的是迂回至黑方左翼助战。

2. 炮八进四,马 3 退 2。

3. 炮八平一,车 8 退 2。

4. 炮一进三,象 7 进 9。

至此,红炮终于迂回至黑方左翼助战。

5. 车四平八,马 2 进 1。

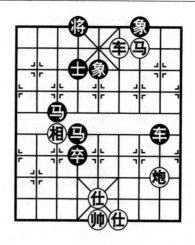

图 19

6. 车八进一,将 4 进 1。

7. 炮一退一,车 8 退 1。

8. 车八退一,将 4 退 1。

9. 马三退五,士 4 退 5。

10. 马五退六,将 4 平 5。

11. 马六进七。

至此,黑无法防守,红胜。

第 20 局　顿挫有致

着法:黑先胜(图 20)

1. ……炮 8 进 2。

黑先进炮打车,逼红进兵后再消灭之。此为良好的顿挫。

2. 兵五进一,炮 8 退 1。

3. 马六进八,炮 8 平 5。

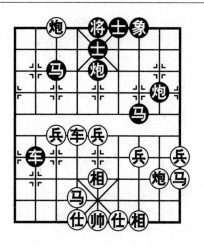

图 20

4. 仕六进五,马 7 进 6。

5. 炮二进一,前炮平 7。

6. 帅五平六,马 6 退 4。

7. 炮二平八,马 4 进 3。

8. 帅六进一,炮 7 平 4。

至此,红无法阻止下一着黑炮 5 平 4 的杀着。黑胜。

该局黑方利用顿挫战术消灭红兵后即势如破竹。其着法精彩至

极。

第 21 局　捉子支敌

着法:黑先胜(图 21)

1. ……炮 9 退 4。

2. 兵八进一,炮 9 退 1。

3. 兵八进一,士 5 退 4。

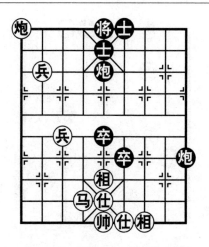

图 21

黑连续两步捉兵,将红八路兵赶入底线,大大削弱了此兵的战斗力。

4. 马六进七,卒 5 进 1。

5. 马七进五,炮 9 进 8。

黑进炮捉相,继续贯彻捉子战术。

6. 马五进六,炮 5 进 5。

7. 帅五平六,士 6 进 5。

8. 兵八平七,卒 5 平 4。

9. 兵七平六,将 5 平 4。

10. 马六进五,炮 5 平 8。

11. 马五进七,将 4 进 1。

12. 炮九退六,炮 8 进 2。

13. 炮九平四,炮 9 平 7。

14. 帅六进一,炮 7 退 1。

15. 仕五进六,卒 4 进 1。

16. 帅六平五,炮 8 退 1。

17. 帅五退一,卒 4 平 5。

以下黑重炮胜。

第 22 局　巧困双车

着法:黑先胜(图 22)

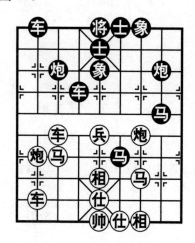

图 22

1. ……车 2 进 6。

2. 车八进二,马 8 进 7。

3. 马七退六,马 6 进 7。

4. 帅五平六,炮 3 平 4。

5. 车八平三,车 4 平 2。

6. 马六进七,炮 8 进 1。

7. 炮三进二,车 2 平 4。

8. 马七退六,车 4 平 7。

9. 车三平六,车 7 进 4。

10. 兵五进一,马 7 退 5。

11. 车七平二,车 7 进 2。

12. 帅六平五,马 5 进 7。

13. 帅五平六,马 7 退 6。

14. 车二退三,马 6 进 5。

15. 车二平五,炮 8 进 6。

16. 兵五进一,车 7 退 1。

17. 车五退一。

至此,红双车被困,黑下一着车 7 平 4 胜。

该局黑首着弃车,第二着堵塞,第五、第八着抽将,利用多种战术组合,一路下来行云流水,着法精妙至极。

第 23 局 弃兵吸引

着法:红先胜(图 23)

1. 兵七进一,车 8 进 6。

枰面上,双方子力基本对等,红进兵助战势在必行。

2. 兵七进一,车 8 平 6。

3. 马四进二,炮 6 平 7。

4. 兵七进一,炮 4 退 1。

5. 兵七进一,炮 4 进 1。

红七路兵衔枚疾进,已到达伏击位置。

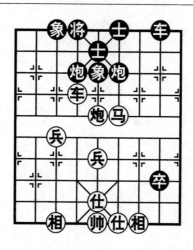

图 23

6. 车六平七,炮 4 平 2。

7. 相七进五,炮 7 进 4。

8. 车七平六,炮 2 平 4。

9. 兵七平六,将 4 进 1。

红弃兵吸引黑将上提,乃入局佳着。

10. 炮五平六。

以下黑车必被抽吃,红胜。

该局红方利用吸引战术获胜。

第 24 局　兑车取势

着法:红先胜(图 24)

枰面上,双方子力对等,目前黑炮正捉红车,以下请看红方如何利用兑子战术取胜。

1. 车六平四,炮 7 平 6。

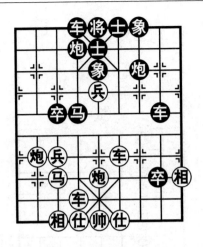

图 24

2. 前车平二……

红兑子！利用兑子左炮右移，以实击虚。

2. ……车 8 进 2。

3. 炮八平二，马 4 进 3。

4. 炮五进五，象 7 进 5。

红弃炮攻杀，窥视黑方左翼。

5. 炮二进六，象 5 退 7。

6. 车四平三，炮 4 进 7。

7. 车三进八，炮 4 平 8。

8. 炮二平一，卒 8 平 9。

9. 兵五进一。

红进兵叫杀，黑已无法防守，至此，红胜。

该局红方利用兑子、弃子的战术组合取胜。

第 25 局　双将克敌

着法:黑先胜(图 25)

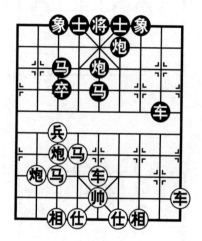

图 25

观枰面,黑方净少一车,现即使飞炮打车,红仍然多子。且看以下黑方如何应对。

1. ……炮 6 平 5。

2. 马六进五,前炮进 2。

3. 帅五平六,前炮进 1。

4. 炮七进三,车 8 平 4。

5. 车五平六,后炮平 4。

6. 兵七进一,马 5 进 3。

7. 车一平五,后马进 5。

8. 车五进三,车 4 进 3。

9. 帅六进一,马 3 进 5。

通过一番厮杀,现黑方夺回失子且有攻势。

10. 帅六平五,炮 4 平 5。

11. 炮八进一,后马进 6。

双将! 黑胜。

该局黑在少子的情况下,策划出双将战术,终于获胜。

第 26 局　献兵擒马

着法:红先胜(图 26)

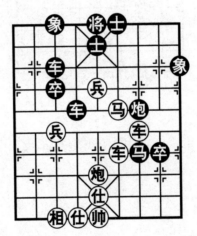

图 26

1. 兵五平六,将 5 平 4。

黑如象 3 进 5,红兵七进一;卒 3 进 1,车三平八,黑方难应对。

2. 炮五平六,将 4 平 5。

3. 马四退六,炮 7 平 5。

4. 相七进五,车 4 平 2。

5. 兵六进一……

红毅然献兵,拦截车路,为歼灭黑7路马打造平台。

5. ······士5进4。

6. 车三平二,炮5退2。

黑如士4退5,红则车二退一,黑马也无路可逃。

7. 车二退一,马7退8。

8. 马六进五,车3退1。

9. 兵七进一。

红再次献兵拦截黑2路车。黑马被歼,终局红胜。

此局红方通过妙用拦截战术获胜。

第27局 引离中车

着法:黑先胜(图27)

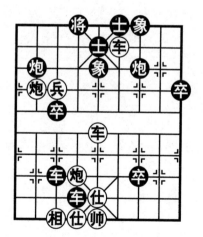

图27

1. ······炮7平6。

黑平炮关车,缩小红四路车的活动范围。

2. 炮八平一, 炮 2 退 1。

目前红中车扼守要津, 黑此招打车是实施引离战术。

3. 车五平六, 将 4 平 5。

4. 车六进四, 炮 2 进 4。

由于红车被引离, 现黑炮占据要津。

5. 炮一平五……

红如炮一进五要杀, 黑则炮 2 平 5; 仕五进四 (红如帅五平四, 黑则卒 7 平 6, 黑胜), 车 3 平 4, 黑胜定。

5. ……炮 2 平 3。

6. 相七进九, 车 3 平 1。

7. 帅五平四, 卒 7 平 6。

绝杀。黑胜。

第 28 局　冷着惊人

着法: 红先胜 (图 28)

如图 28 所示形势下, 双方子力完全对等, 在一般情况下应为和局。但此局红方利用黑车闭塞的弱点, 实施冷着战术, 从而一举获胜。以下请看实战着法。

1. 车四平七, 炮 3 平 2。

2. 车七退一, 炮 2 进 4。

3. 车七平六, 车 7 退 1。

4. 兵五进一, 车 7 平 5。

5. 炮九进一, 车 5 退 1。

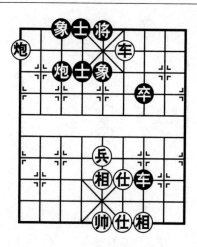

图28

6. 帅五平六, 炮 2 退 6。

7. 车六平八, 车 5 平 4。

8. 帅六平五, 车 4 退 4。

9. 车八平五, 将 5 平 6。

10. 车五平三, 车 4 平 8。

11. 炮九平七, 士 4 进 5。

12. 车三平八, 炮 2 平 1。

13. 车八平九, 炮 1 平 2。

14. 车九进二, 炮 2 进 1。

15. 炮七退一。

至此, 黑必丢车, 红胜。

第 29 局　腾挪御敌

着法:红先胜(图 29)

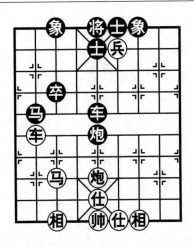

图 29

1. 炮五进一……

红腾挪炮位,计划下一着相七进五打车瞄炮。

1. ……马 2 退 4。

2. 相七进五,车 5 平 3。

3. 车八进五,将 5 平 4。

4. 车八平七,将 4 进 1。

5. 炮五平六,士 5 进 4。

6. 车七退二,士 6 进 5。

7. 车七进一,将 4 退 1。

8. 兵四平五。

至此,黑方无解,红胜。

该局红方施展腾挪之术,一举获胜。

第 30 局　双马饮泉

着法:黑先胜(图 30)

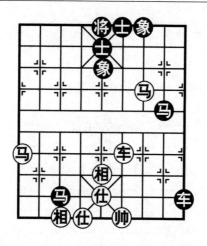

图 30

如图 30 所示形势下,双方子力完全对等。现轮黑方走子,以下请欣赏黑方利用迂回战术取胜的精彩着法。

1. ……车 9 进 1。

2. 帅四进一,马 8 进 9。

3. 车四平三……

红如马九进七,黑则车 9 退 1;帅四退一,马 9 进 8;帅四进一,马 8 退 7;帅四退一,车 9 进 1,黑胜。

3. ……马 3 进 5。

黑施展迂回战术,现黑马向红方右翼迂回助战。

4. 车三平二,马 5 退 7。

5. 车二平八,车 9 退 1。

6. 帅四退一,马 9 进 8。

以下红无法防守黑三子归边兼双马饮泉的攻势,黑胜。

第31局　兑子御敌

着法:红先胜(图31)

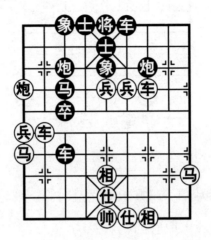

图 31

1. 车三退三……

枰面上红方多兵,现退车邀兑,意图是简化局势,保持多兵优势。

1. ……卒 3 进 1。

2. 车八进二,马 3 进 5。

3. 炮九进三,马 5 进 4。

4. 兵五进一,士 5 进 4。

5. 师五平六……

此处应警惕! 如误走兵五平六,则炮 7 进 7;车三退三,马 4 进 3,黑胜。

5. ……炮 7 进 7。

6. 车三退三,马 4 进 3。

7. 车三进三,炮 3 平 5。

红再次兑车,将兑子战术贯彻到底。

8. 车八进三,车 3 平 7。

9. 炮九平七,士 4 进 5。

10. 炮七平四,士 5 退 4。

11. 马一进三,将 5 平 6。

12. 车八平六,将 6 进 1。

13. 马九进七。

红胜定。

该局红方坚持兑子战术,最终获胜。

第 32 局　三子归边

着法:红先胜(图 32)

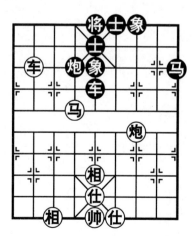

图 32

枰面上,双方子力完全对等,现轮红方行棋,请看红方是如何利用困子战术获胜的。

1. 炮三平九,炮 4 退 2。

2. 马六进八,车 5 平 3。

红方两步棋分别将子力向黑方右翼集结,已形成三子归边之势。

3. 炮九进二,车 3 退 3。

4. 车八进一,马 9 进 8。

5. 车八平六,马 8 进 6。

6. 马八进七,马 6 进 4。

以上两步,红实施困子战术。

7. 仕五进六,马 4 进 6。

8. 帅五进一,车 3 平 2。

9. 炮九进三。

至此,黑车、炮被困。面对红方车六进一的杀着,黑只有弃车啃炮,红胜定。

第 33 局　献兵吸引

着法:红先胜(图 33)

该局黑方子力拥塞,现轮红方行棋,以下请看红方是如何利用吸引战术取胜的。

1. 车七平九,车 4 平 5。

2. 兵七平六,车 3 进 1。

面对红方下一着兵六进一欺车,黑进 3 路车防守是自然之举。

3. 兵六进一,车 3 平 4。

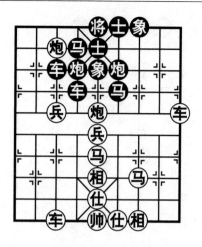

图 33

红献兵吸引黑 3 路车,系取胜妙招。

4. 车九进九,士 5 退 4。

5. 车一进三,车 4 平 3。

黑如马 6 进 5,红则车一平五;士 6 进 5,炮七进一,红胜。

6. 车一平六,士 6 进 5。

7. 炮七平五。

红胜定。

该局红方妙用吸引战术获胜。

第 34 局　进车堵塞

着法:黑先胜(图 34)

1. ……车 2 进 8。

枰面上,双方子力对等,但红方左翼空虚,黑方抓住红方弱点,进车点穴,利用堵塞战术进攻。

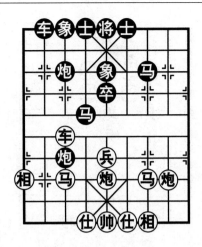

图 34

2. 兵五进一, 后炮平 2。

黑方子力向红方左翼集结, 部署攻城兵力。

3. 兵五进一, 车 2 平 3。

黑方再次堵塞、别马脚, 疏通炮路。

4. 兵五平六, 炮 2 进 7。

5. 仕六进五, 炮 3 平 2。

6. 车七退一, 后炮进 2。

7. 马三进四, 前炮平 1。

绝杀! 该局黑方利用堵塞战术取胜。

第 35 局　运炮边陲

着法: 黑先胜(图 35)

观枰面, 双方子力完全对等, 现轮黑方行棋, 以下请看黑方是如何运子取胜的。

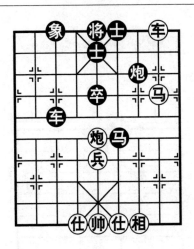

图 35

1. ……炮 7 平 2。

黑运炮边陲,窥视红方空虚的左翼。

2. 马二进四……

红如炮五平八,黑则马 6 进 4;炮八退三,马 4 进 3;帅五进一,车 3 平 7,红难应对。

2. ……将 5 平 4。

3. 炮五进四,炮 2 进 7。

4. 仕六进五,车 3 进 5。

5. 仕五退六,车 3 平 4。

6. 帅五进一,马 6 进 7。

7. 帅五平四,车 4 平 6。

黑胜。

该局黑方利用运子战术获胜。

第 36 局　牵马制胜

着法:红先胜(图 36)

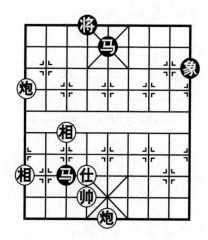

图 36

1. 炮九平七,马 3 退 4。

2. 仕六退五……

红牵马打马,一着两用。

2. ……马 5 进 4。

3. 炮七退一,前马退 6。

4. 炮七平八,象 9 退 7。

5. 炮八退三,象 7 进 5。

6. 炮八平五,象 5 退 7。

7. 仕五进四,象 7 进 5。

8. 后炮平六……

至此,被牵的黑马已危在旦夕。

8. ······象 5 退 7。

9. 炮五进三,马 6 进 5。

10. 相七退五。

至此,黑马被打死,红胜定。

该局红方通过施展牵制战术取胜。

第 37 局　车马冷着

着法:黑先胜(图 37)

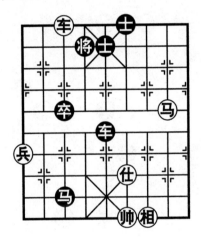

图 37

1. ······马 3 退 4。

该局双方大子相同,现黑退马瞄仕,为求战之举。

2. 车七退三,马 4 进 6。

3. 马二进四,马 6 进 8。

4. 帅四进一,车 5 平 4。

5. 帅四平五,马 8 退 9。

黑回马,冷着惊人!以下红已无法破解黑方车、马冷着的杀势。

6. 车七退一,马 9 进 7。

7. 帅五进一,车 4 进 2。

至此,黑胜。

该局黑方以冷着战术获胜。

第 38 局　赶马离槽

着法:黑先胜(图 38)

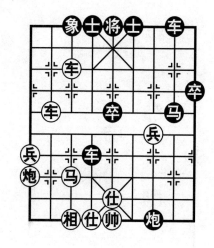

图 38

1. ……炮 7 平 9。

2. 车八平五,士 6 进 5。

3. 车五退二……

红意图通过兑车来简化局势,并保持多兵之势。

3. ……马 8 进 6。

4. 帅五平四,车 4 平 5。

黑接受兑车,引离红马,拆除红方炮架,为三子归边造杀打造平台。

5. 马七进五,车8进9。

6. 帅四进一,车8退3。

黑赶马离槽,三子归边的杀势又上了一个新台阶。

7. 马五进六,马6进7。

8. 炮九平五,象3进5。

9. 马六进五,车8进2。

10. 帅四进一,炮9退2。

黑利用捉子战术赶马离槽,抢杀在先。

第39局　进炮牵炮

着法:红先胜(图39)

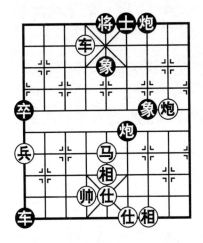

图 39

1. 炮二进四……

黑双炮集结于红方右翼,具有一定的威胁力;现红利用牵制战术,进炮牵制黑底炮,致使黑方攻势土崩瓦解。

1. ……车 1 退 1。

2. 帅六退一,炮 6 进 3。

3. 相五退七,炮 6 退 6。

4. 马五进四,车 1 退 2。

5. 车六进一,将 5 进 1。

6. 马四进六,将 5 平 6。

7. 车六退一,士 6 进 5。

8. 车六平五。

红胜。

该局红方利用牵制战术,最终获胜。

第 40 局　献炮攻城

着法:红先胜(图 40)

1. 车二平六,士 5 进 4。

黑如将 4 平 5,红则马七进五;车 3 平 5,车八进三,红胜。

2. 马七进五,士 6 进 5。

3. 炮五进二,车 8 平 5。

4. 车八进三,车 3 退 2。

黑如象 1 退 3,红则炮五平九;车 5 进 2,炮九进一;车 3 平 1,车六平八;车 1 退 1,后车进四;车 1 平 2,车八退一,红胜。

5. 炮三进四。

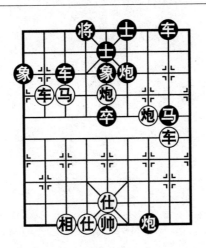

图 40

红弃炮攻杀! 此招惊天地,泣鬼神。至此,红胜。

黑如续走车 5 平 7,红则炮五退三;将 4 进 1,车八退一,红胜。

该局红方以弃子战术获胜。

第 41 局 困马用兵

着法:红先胜(图 41)

1. 仕五进四,马 7 退 9。

2. 相七进五,马 5 进 3。

红方这两步棋意在困马。

3. 仕六进五,炮 5 平 1。

4. 相三退一,象 9 进 7。

5. 炮三平二,象 3 进 5。

至此,黑 9 路马彻底失去战斗力。

6. 马四进六,士 5 进 4。

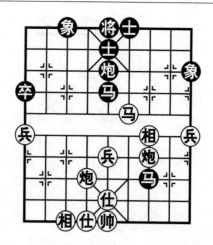

图 41

7. 马六进四,将 5 进 1。

8. 马四退二,马 3 退 5。

9. 马二进三,将 5 平 6。

10. 炮二进五,将 6 进 1。

11. 相五进三,马 5 退 7。

红继续贯彻困子战术。

12. 兵五进一,士 6 进 5。

13. 兵五进一,炮 1 退 1。

14. 兵五进一,炮 1 平 7。

15. 兵五平四。

红胜。

该局红方以困子战术获胜。

第 42 局 腾挪造杀

着法:红先胜(图 42)

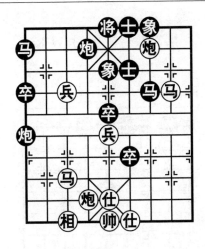

图 42

1. 炮六平九,炮 4 进 3。

2. 炮九进五,马 7 进 6。

3. 兵五进一,炮 4 退 2。

4. 兵七平六,炮 4 平 2。

5. 兵六进一……

红进兵助攻,力大无穷。

5. ……马 1 进 2。

6. 兵六进一,炮 1 进 4。

7. 仕五退六,马 2 进 3。

8. 炮三退一。

红精妙腾挪,让出马位。至此,黑已经无法阻止红马二进三的杀着,如续走炮 2 退 1,红则马二进四杀。红此步腾挪恰到好处,如改走炮三退四打马,黑则马 6 退 7,尚可支撑。

该局红方以腾挪战术获胜。

第43局　巧运双炮

着法:红先胜(图43)

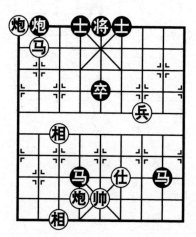

图43

1. 相七退五……

红方此手既避捉,又让出了炮路。

1. ……士6进5。

2. 炮六平七,将5平6。

3. 炮七进八,将6进1。

4. 兵三进一,马4退5。

5. 兵三进一,马5退4。

红运兵增援前线,黑势已危急。

6. 炮七退二,炮2平3。

7. 兵三进一,将6退1。

8. 炮九平八……

红运炮腾挪,为七路炮的进攻开道。

8. ……马 8 退 6。

9. 炮七平九。

以下黑阻止不了红炮九进二的绝杀。

该局红方利用运子战术,巧运双炮获胜。

第 44 局　双炮攻城

着法:红先胜(图 44)

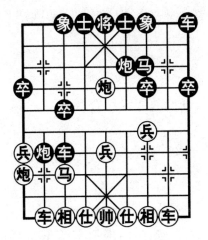

图 44

1. 炮五退一……

红腾挪炮位,防止黑炮 6 平 2 的一箭双雕。

1. ……炮 6 平 2。

2. 炮九进四,将 5 进 1。

红置八路车的安危于不顾,毅然炮打边卒叫杀,着法凶悍!

3. 车二进八,将 5 进 1。

4. 车二退六,将 5 退 1。

红车利用顿挫战术选位。

5. 炮九平五,将 5 平 4。

6. 车二平六,炮 2 平 4。

7. 车八进一……

红运子精妙,下伏以车咬炮成杀。

7. ……士 4 进 5。

8. 前炮平六,炮 4 平 2。

黑如炮 4 平 5,红则炮六平七抽车,红亦胜定。

9. 炮五平六。

红重炮杀。

该局红以运子与顿挫的战术组合获胜。

第 45 局　虎口拔牙

着法:红先胜(图 45)

枰面上,双方子力基本对等,但黑双象散乱,红方抓住机遇,弈出精妙之招。

1. 车一进一……

红虎口拔牙! 看似吃象献车,实则捉车,因黑不能吃红车,否则红马八进七连杀。

1. ……车 3 进 1。

2. 车一退一,车 3 退 1。

红方利用捉子战术削弱对方的防守力量。

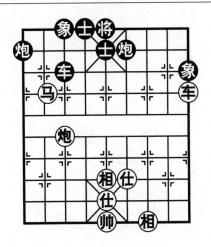

图 45

3. 炮七平五,象 3 进 5。

4. 马八进九……

红故技重演,看似兑马,实则吃炮捉车。

4. ……车 3 平 1。

5. 马九进七,炮 6 进 1。

6. 车一进三,炮 6 退 2。

7. 仕五退六,车 1 平 3。

8. 仕四退五,车 3 退 2。

9. 帅五平四。

"铁门栓"杀。

该局红方采取捉子战术获胜。

第 46 局　千里照面

着法:黑先胜(图 46)

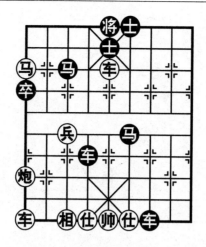

图 46

1. ……马 6 进 8。

枰面上,双方大子基本对等,但红左车晚出,黑抓住红方这一弱点,采取弃子战术,跃马强攻。

2. 车五平七……

红吃马要杀,看似凶悍,实则已是虚张声势了。但如改走车九进一,黑则马 3 进 2,红亦难应对。

2. ……车 4 平 5。

3. 相七进五,马 8 进 7。

4. 帅五进一,马 7 退 6。

5. 帅五平四,车 7 退 1。

6. 帅四进一,士 5 进 4。

7. 相五退七,车 7 平 6。

黑再弃一车,惊魂之举!

8. 帅四退一,马 6 进 8。

9. 炮九平三,车 5 平 6。

该局黑方采取弃子战术获胜。

第 47 局　兑子破敌

着法:黑先胜(图 47)

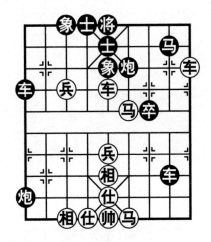

图 47

1. ……炮 6 进 7。

黑以炮兑马,摧毁红方防线,系获胜关键。

2. 仕五退四,炮 1 进 1。

3. 车五平四,车 1 进 5。

4. 车一进二,士 5 退 6。

黑如马 8 退 6,红则马四进六;车 8 平 5,仕四进五;车 5 进 1,帅五平四,黑方反而难应对。

5. 马四进六,车 1 平 4。

6. 马六进七,将 5 进 1。

7. 车四平六……

红方兑车为时已晚,由于首着黑兑去红马,现红中相已无其他子力可掩护。

7. ……车 8 平 5。

8. 仕四进五,车 5 进 1。

9. 帅五平四,车 5 平 6。

10. 帅四平五,车 4 平 5。

黑胜。

该局黑方采取兑子战术入局。

第 48 局　闪击解围

着法:红先胜(图 48)

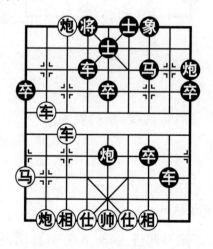

图 48

枰面上,黑空头炮配合双车攻势猛烈,现轮红方行棋,红方该如何应对呢?

1. 车八平五!

红闪击! 化解黑方攻势且要杀,妙极、恶极!

1. ……车 4 进 4。

2. 车五退二,车 4 平 5。

3. 相三进五,车 8 退 3。

4. 炮七平九,车 5 退 2。

5. 车七进五,将 4 进 1。

6. 车七退一,将 4 进 1。

7. 炮八进七。

至此,黑阻止不了红车、炮绝杀,红胜。

该局红以闪击战术取得辉煌胜利。

第 49 局　弃马牵马

着法:红先胜(图 49)

枰面上,黑马正捉红炮,且看红方如何应对。

1. 马七进五……

红不逃炮,反献马,算度深远。

1. ……马 4 退 5。

红方弃马,牵制黑马、封锁黑将,以下黑只能坐以待毙。

2. 仕五进四,炮 8 退 1。

3. 炮五进三,卒 9 进 1。

4. 仕六进五,卒 9 进 1。

5. 帅五平六,炮 8 平 4。

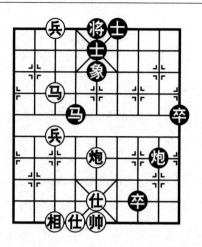

图 49

6. 后兵进一, 卒 9 平 8。

7. 后兵进一, 卒 8 平 7。

8. 后兵进一, 后卒平 6。

9. 后兵平六, 卒 6 平 5。

10. 兵六进一, 卒 5 平 4。

11. 帅六平五, 卒 7 平 6。

12. 兵六进一。

红胜。

该局红方利用牵制与封锁的战术组合获胜。

第 50 局　献炮亮将

着法:黑先胜(图 50)

1. ……马 4 进 6。

2. 车六平四, 卒 7 进 1。

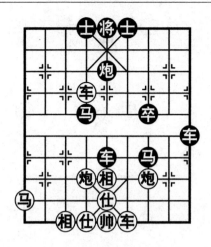

图 50

3. 相五进三,车 5 进 2。

电闪雷鸣,撕裂大地,黑突如其来的弃车砍仕,令红如坠五里雾中。

4. 帅五进一,马 7 进 5。

5. 帅五平四……

红如改走前车平五,黑则马 6 退 5;相七进五,马 5 进 6,亦红方占优势。

5. ……车 9 进 3。

6. 帅四进一,炮 5 平 6。

黑献炮亮将! 以下红无法阻止黑方下一着马 6 进 4 的绝杀,黑胜。

该局黑方采用大量弃子的战术,精彩获胜。

第 51 局 兑炮入局

着法:黑先胜(图 51)

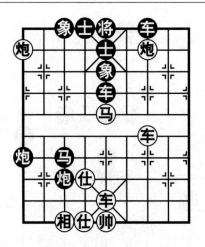

图 51

1. ……马 3 退 4。

黑下伏炮 1 平 5 叫将得子之着。

2. 车三平六, 炮 3 退 6。

黑兑子, 摧毁红方担子炮的防御工事。

3. 车六进一, 车 7 进 1。

黑方以马易炮后攻势猛烈。

4. 车五进二, 车 7 进 8。

5. 帅五进一, 炮 1 进 2。

6. 车五平九, 炮 1 退 7。

黑再次兑炮简化局势, 打造双车挫攻杀平台。

7. 车九进五, 车 5 平 2。.

8. 帅五平四, 车 2 平 8。

以下红阻止不了黑双车挫的杀着。黑胜。

该局黑方采用兑子战术获胜。

第 52 局　平炮引车

着法:红先胜(图 52)

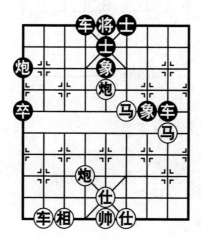

图 52

1. 炮六平三……

红平炮弃马,暗藏杀机。

1. ……车 4 进 2。

黑如车 8 进 1,红则马四进五;车 4 进 2,车八进九;车 4 退 2,马五进三杀。

2. 车八进九,车 4 退 2。

3. 车八退二,车 8 进 1。

4. 车八平九,车 8 平 3。

5. 相七进五,车 3 平 6。

6. 马四进五,车 4 平 3。

7. 炮三平二,车 6 平 8。

红方施展引离战术,逼黑车退出重要防线。

8. 马五进三,将 5 平 4。

9. 炮五平六,将 4 进 1。

10. 马三退四,士 5 进 6。

11. 马四进六,将 4 平 5。

12. 马六进七。

红胜。

该局红方运用引离战术获胜。

第 53 局　诱敌深入

着法:红先胜(图 53)

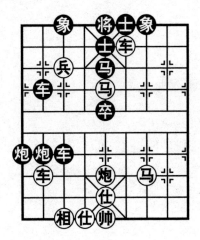

图 53

1. 帅五平四……

枰面上看似走相七进九稳健,现红出帅,诱使黑车吃相进攻,实施诱着战术。

1. ······车 3 进 3。

2. 兵七平六······

红弃兵,又是一步诱着,其目的是诱使中士吃兵,从而削弱对方中路的防守力量。

2. ······炮 1 进 3。

3. 帅四进一,士 5 进 4。

4. 车四进一,马 5 退 6。

红再次诱使黑马退出中路防线。

5. 马五退七,将 5 平 4。

6. 马七进六,车 3 退 7。

7. 马六进四,将 4 进 1。

8. 车八平六,车 3 平 4。

9. 车六进五。

红胜。

该局红方通过施展诱着战术取胜。

第 54 局　平兵封锁

着法:红先胜(图 54)

1. 兵三平四!

这是具有深远意义的一招,封锁了黑马出路,为围歼黑马打造平台。

1. ······炮 5 平 8。

2. 车六进一,车 2 进 3。

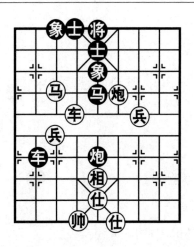

图 54

3. 帅六进一,车 2 退 1。

4. 帅六退一,炮 8 进 3。

5. 相五退三,车 2 平 5。

6. 马七进六,马 5 进 6。

由于黑马出路被封锁,只能冒死闯入封锁线。黑如改走士 5 进 4,红则马六退四;将 5 进 1,车六进一;象 5 进 3,马四进三;将 5 平 6,车六平四,红胜。

7. 炮四退二,车 5 平 6。

8. 炮四平六。

至此,红方多子,终局红胜。

该局红方利用封锁战术取胜。

第 55 局　闪击得子

着法:黑先胜(图 55)

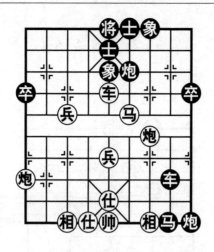

图 55

1. ……马 8 退 9。

2. 仕五退四……

红如相三进一,黑则车 8 进 2;以下红车被抽,黑胜。

2. ……车 8 平 1。

闪击! 黑利用马后炮的杀势,闪击得子。

3. 马四退三,车 1 平 7。

黑车避捉,现堵塞炮路,保持马后炮杀势。

4. 马三退一,车 7 退 2。

5. 帅五进一,车 7 进 4。

6. 兵七平六,炮 6 平 9。

7. 马一进二,车 7 退 1。

8. 帅五进一,卒 9 进 1。

至此,红方阵势支离破碎,终局黑胜。

该局黑方以闪击战术获胜。

第56局　解杀还杀

着法:红先胜(图56)

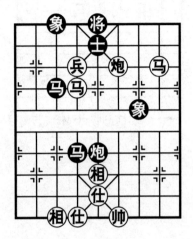

图56

1. 炮四退一,马3进4。

2. 马二退三……

红如兵六进一捉士,黑则炮5平6,红难应对。

2. ……士5进4。

3. 马六进四,将5进1。

4. 马四进三,将5进1。

此时黑将不能平4或平6。如改走将5退1,红则炮四平一,黑亦难应对。

5. 后马进一,后马进6。

6. 马一进三,炮5退1。

黑退炮,准备下一着走炮5平6,红则仕五进四;马6进4,仕四退五;后马进 6,成杀。

7. 后马退四。

解杀还杀,黑如续走士 4 退 5,红则炮四退三胜。

该局红方以解杀还杀战术取胜。

第 57 局　诱敌入彀

着法:红先胜(图 57)

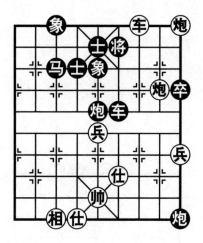

图 57

1. 相七进五……

红方不吃炮,飞相垫将是何用意? 原来红此手采用的是诱着战术。

1. ……车 6 退 1。

黑退车捉炮,企图下一着走炮 5 平 9 兑炮。但此着正是红方所希望的。红诱着战术成功。

2. 车三退一,将 6 进 1。

3. 车三退三……

红不给黑方兑炮的机会。

3. ……炮 5 平 2。

4. 炮二进一，象 5 退 7。

5. 炮一退一。

至此，红胜。

黑如续走象 3 进 5，红则车三进二；将 6 退 1，车三进一；将 6 进 1，炮二进一，黑方无解。

该局红方采取诱着战术获胜。

第 58 局　等着奏效

着法：黑先胜（图 58）

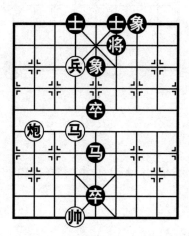

图 58

枰面上，黑虽少炮但多一花心卒，呈进攻态势。以下请看黑方如何利用等着战术获胜。

1. ……将 6 平 5。

良好的等着！此招一出,红方具有防守能力的马、炮、兵三子中必将有一子撤离防线。

2. 炮八进二,后卒进 1。

3. 炮八平五,象 5 进 7。

4. 马六退八……

红如炮五退三,黑则后卒平 4,红炮无法防守黑双卒。

4. ……马 5 进 3。

5. 马八退七,后卒平 4。

6. 炮五平八,马 3 退 1。

7. 炮八退四,马 1 进 2。

至此,红坐以待毙。

第 59 局　蓄势待发

着法:红先胜(图 59)

1. 马七退六,车 4 平 2。

红方利用抽将之势,任红马驰骋。

2. 马六进五,炮 3 平 2。

3. 马五进三……

红毅然弃马,现进马形成三子归边的攻杀之势。

3. ……炮 2 进 7。

4. 仕五退六,车 2 退 3。

5. 车四平五,将 4 退 1。

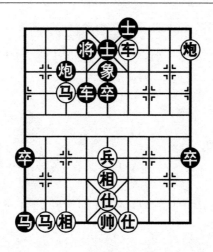

图 59

6. 车五平四，士 6 进 5。

7. 炮一进一，将 4 进 1。

8. 车四平五，将 4 进 1。

9. 车五退一，将 4 退 1。

10. 车五进一，将 4 进 1。

11. 炮一退二。

红胜。

该局红方施展抽将战术，一路弈来，如行云流水，给人一种美妙的
享受。

第 60 局　造天地炮

着法:红先胜(图 60)

1. 相五退七……

红方腾挪！打造"天地炮"攻杀的平台。

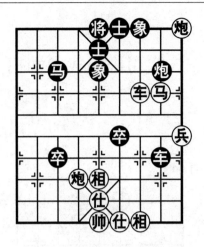

图 60

1. ······卒 6 进 1。

2. 炮六平五，车 8 平 7。

3. 车三平四，将 5 平 4。

4. 车四平六，士 5 进 4。

5. 马二退四，车 7 进 3。

6. 马四进五，将 4 进 1。

7. 马五进四，将 4 平 5。

黑如将 4 退 1，红则车六进一；将 4 平 5，车六平二，红胜定。

8. 车六进一，炮 8 进 7。

9. 车六进一，将 5 退 1。

10. 马四退五。

双将！红胜。

该局红方以腾挪战术获胜。

二、实用排局战术妙招

第 61 局　运炮如神

着法:红先胜(图 61)

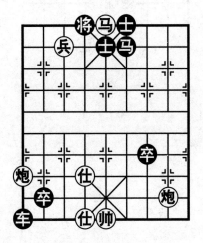

图 61

1. 兵七进一,将 4 平 5。

黑如将 4 进 1,红则炮二平六;士 5 进 4,马五退四,红胜。

2. 炮二进七,马 6 进 8。

黑如车 1 退 2,红则炮二平三,红胜。

3. 炮九平八,车 1 退 9。

4. 炮八进五,车 1 平 3。

5. 炮八平三⋯⋯

上一段红方妙运双炮,占领制高点;黑虽有车、马、卒,但也只能疲

于奔命。

5. ┈┈┈┈将 5 平 4。

6. 炮三进二。

红胜。

该局红方利用运子战术获胜。

第 62 局　运炮引离

着法：红先胜（图 62）

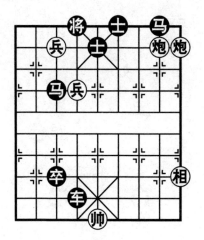

图 62

1. 炮二平三，车 4 平 7。

红平炮要杀，黑车无暇吃兵，只能被引至 7 路这一不利地形防守。

2. 兵七进一，将 4 平 5。

3. 炮一退四，车 7 退 7。

4. 炮一平九，马 3 退 1。

前仆后继，红方三路炮壮烈牺牲后，现又平炮九路引离黑马，达到迫使黑方中路失控的目的。

5. 炮九平六。

声东击西！红炮虚晃一枪,到达预定的战斗岗位。以下黑阻止不了红方兵七平六的杀着。红胜。

该局红方以引离战术获胜。

第 63 局　叶底藏花

着法:红先胜(图 63)

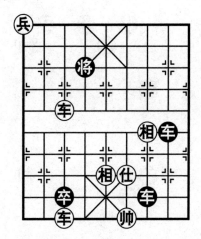

图 63

枰面上,黑方杀势正浓,红方岌岌可危。以下请看红方如何以解杀还杀战术取胜。

1. 前车平六,将 4 平 5。

2. 车七平五……

叶底藏花！以下黑若车 8 进 4,红则相五退三反照,红胜。红实施了解杀还杀战术。

2. ……卒 3 平 4。

3. 相五退三,卒 4 平 5。

4. 车五进一,车 7 平 5。

5. 仕四退五,车 8 退 5。

黑如车 8 平 7,红则车六平五占中线,红胜定。

6. 车六平五,将 5 平 4。

7. 帅四平五,车 8 平 1。

8. 仕五退六。

红胜。

该局红方利用解杀还杀战术获胜。

第 64 局　弃车腾挪

着法:红先胜(图 64)

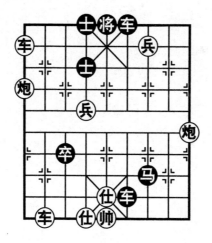

图 64

该局黑方正要杀,而红方子力拥塞,以下请看红方如何以腾挪战术获胜。

1. 车九平五,将 5 进 1。

红弃车腾挪,疏通九路炮的进攻路线。此着黑如改走士 4 进 5,红则炮一平五;士 5 进 6,兵六平五;将 5 平 4,车八进九;将 4 进 1,炮九平六;士 4 退 5,炮五平六,红速胜。

2. 车八进八,将 5 进 1。

黑如将 5 退 1,红则炮九进三;士 4 进 5,仕五进四;将 5 平 4,炮九平四;车 6 平 9,炮四平二;车 9 退 3,兵三进一,红胜。

3. 炮九进一,士 4 退 5。

4. 车八退一,士 5 进 4。

5. 车八退五,将 5 退 1。

黑如士 4 退 5,红则车八平五;将 5 平 6,仕五进四;前车平 9,车五进五,红胜。

6. 炮一进四,将 5 退 1。

7. 炮九进二,士 4 进 5。

8. 仕五进四,将 5 平 4。

红再次撑仕腾挪要杀,黑已难应对。

9. 炮九平四,车 6 平 9。

10. 炮四平二。

红胜。

第 65 局　献炮堵塞

着法:红先胜(图 65)

枰面上,黑车占中,有连杀之势。以下请看红如何利用堵塞战术

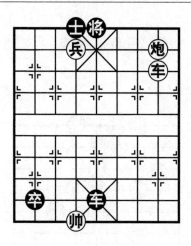

图 65

一举破敌。

1. 炮二平五……

红平炮堵塞,切断黑车借将进攻的路线。只此一着,黑即陷入困境。

1. ……将 5 平 6。

黑如士 4 进 5,红则车二进一;卒 2 平 3,兵六平五;车 5 退 7,车二进一,红胜。

2. 车二平四,将 6 平 5。

3. 车四进一,士 4 进 5。

4. 车四平三,卒 2 平 3。

5. 兵六平五,车 5 退 7。

6. 车三进一。

红胜。

第 66 局　弃车闷将

着法:红先胜(图 66)

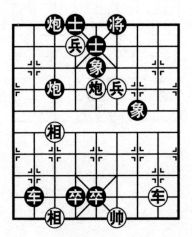

图 66

1. 车二进八,象 5 退 7。

黑如将 6 进 1,红则兵四进一;士 5 进 6,兵六平五;士 4 进 5,炮五平四,红胜。

2. 车二平三,将 6 进 1。

3. 兵四进一,士 5 进 6。

4. 车三退一,将 6 退 1。

5. 兵六平五,士 4 进 5。

6. 车三平四……

红弃车吸引,将黑将引向绝境。

6. ……将 6 进 1。

7. 炮五平四。

闷杀。

该局红方利用吸引与闷将的战术组合,从而一举获胜。

第67局 捉车造杀

着法:红先胜(图67)

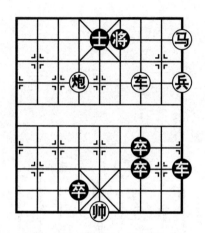

图67

1. 炮六进二,士5进6。

2. 车三进二,将6退1。

3. 车三进一,将6进1。

4. 车三平四,将6退1。

5. 马一退三,将6进1。

6. 马三进二,将6退1。

7. 炮六平一……

红打车、造杀,双重威胁!

7. ……车9进2。

黑如车9退4,红则马二退三;将6进1,马三退一;前卒平6,马一进二,红亦胜。

8. 炮一退八,前卒平6。

9. 兵一平二,卒6平5。

10. 炮一进九。

红胜。

该局红方采用双重威胁战术获胜。

第68局 弃车闷杀

着法:红先胜(图68)

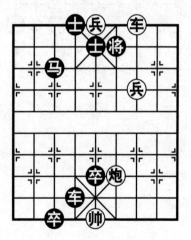

图68

枰面上,黑方杀声震耳;而红方棋形散乱,那么红方应如何行棋呢?

1. 车三退一,将6进1。

2. 兵三平四,将6平5。

3. 车三退一,士 5 进 6。

4. 兵四进一,将 5 平 4。

黑如将 5 退 1,红则兵四平五,以下与主着同。

5. 兵四平五,将 4 退 1。

6. 车三进一,士 4 进 5。

7. 车三平五……

红弃车攻杀,打造闷将取胜的平台。

7. ……马 3 退 5。

8. 炮四进六。

红胜。

该局红方以闷将战术获胜。

第 69 局　弃车引将

着法:红先胜(图 69)

1. 车三平四,将 6 退 1。

红弃车吸引,把黑将引至易受红马攻击的不利位置。

2. 马一进二,将 6 进 1。

3. 马二退三,将 6 平 5。

4. 车一进五,士 5 进 6。

5. 车一平四,将 5 退 1。

6. 兵七平六,将 5 退 1。

7. 车四平五,士 6 进 5。

8. 马三进四,将 5 平 6。

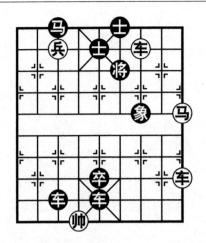

图 69

9. 马四进二,将 6 进 1。

黑不能将 6 平 5,否则红兵六进一杀。

10. 兵六平五,马 3 进 5。

红又一招弃兵吸引黑马,堵塞黑六将路。

11. 车五平四。

红胜。

该局红方采取吸引战术获胜。

第 70 局　勇弃双车

着法:红先胜(图 70)

1. 车四进三,士 5 退 6。

红弃车,破坏对方的防御工事。

2. 车五进四,象 3 进 5。

3. 车五进一,士 6 进 5。

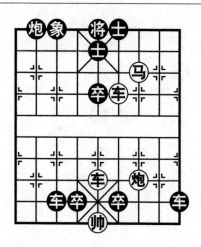

图 70

4. 车五进一,将 5 平 4。

5. 车五平六,将 4 进 1。

红再弃车吸引,把黑将引向红方火力网。

6. 马三退五,将 4 退 1。

7. 马五进四,将 4 进 1。

8. 炮三进六。

红胜。

该局红方利用弃子战术取胜。

第 71 局　老兵建功

着法:红先胜(图 71)

1. 兵六进一,将 5 退 1。

2. 兵六进一,将 5 退 1。

3. 炮八进三,象 1 退 3。

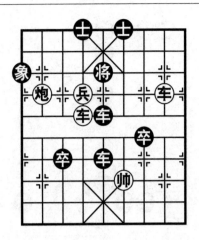

图 71

4. 车六平五,车 5 退 2。

5. 车二平四,士 6 进 5。

6. 车四进二,卒 7 平 6。

7. 车四退四,车 5 退 2。

8. 车四进四……

上一着黑退车准备兑车求和;而红方明知山有虎,偏向虎山行,实乃施展诱着战术。

8. ……车 5 平 6。

9. 帅四平五……

红方按既定方针办,诱黑车吃车。此着红如改走车四退一,黑则士 5 进 6,双方成和。

9. ……车 6 退 1。

10. 兵六进一。

连杀。

该局红方通过施展诱着战术获胜。

第72局　车炮"殉职"

着法:红先胜(图72)

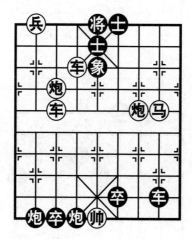

图72

枰面上,黑方各子跃跃欲试,而红方子力拥塞。以下请看红方如何以弃子战术取胜。

1. 炮三进四,象5退7。

2. 炮七平五,士5进4。

红方以上两着勇弃车、炮,目的是疏通进攻路线。

3. 车七进四,将5进1。

4. 马二进三,将5进1。

5. 马三退四,将5退1。

6. 车七退一,将5退1。

7. 马四进五,士4退5。

8. 马五进三,将5平4。

9. 兵八平七。

红胜。

该局红以弃子战术获胜。

第73局　鞭长莫及

着法:红先胜(图73)

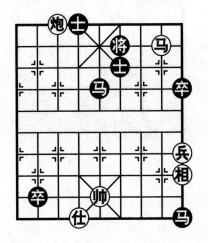

图 73

1. 马二退三,马 5 退 7。

2. 炮七退七,将 6 退 1。

3. 炮七平三,马 7 退 9。

红方施展顿挫战术,先将黑马驱至边隅。黑如改走马 7 退 8,红则马三进二;将 6 进 1,炮三进五;卒 2 平 3,炮三平二打死马,红胜定。

4. 炮三平四,士 6 退 5。

5. 马三退五,后马进 7。

黑如前马退 7,红则马五进四;马 7 退 6,马四进三,红得马胜。

6. 马五进四,马 7 进 6。

7. 马四进二,将 6 平 5。

8. 炮四平九。

至此,黑双马鞭长莫及,红胜。

该局红方以顿挫战术取胜。

第 74 局　互抢高地

着法:红先胜(图 74)

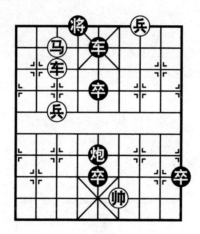

图 74

枰面上,黑车正要杀,那么红方该如何应对呢?

1. 马七进五……

红方由底线迂回前进。

1. ……卒 9 平 8。

黑卒向主战场集结。如改走车 5 平 6,红则马五退四,黑必丢车,红胜定。再如车 5 平 8,车七进二;将 4 进 1,马五退四;将 4 平 5,车七进一;将 5 进 1,车七平二,红亦胜定。

2. 兵七平六,卒 8 平 7。

3. 兵六进一,卒 7 进 1。

红兵与黑卒争夺制高点,战斗激烈。如此着改走卒 7 平 6,红则兵六进一胜。

4. 车七平六,车 5 平 4。

5. 马五退四,卒 7 平 6。

6. 帅四退一,车 4 进 1。

7. 兵六进一。

红胜。

该局红方以迂回战术获胜。

第 75 局　抽将选位

着法:红先胜(图 75)

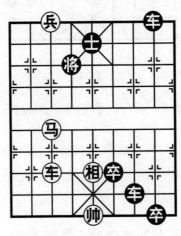

图 75

1. 马七进五,将 4 平 5。

2. 车七进四……

红打造抽杀之势,着法有力。

2. ……车 8 进 4。

3. 车七平五,将 5 平 4。

黑如将 5 平 6,与主着异途同归。

4. 马五进七,车 7 退 6。

5. 车五平六,将 4 平 5。

6. 车六退二……

红抽将选位,令黑防不胜防。

6. ……将 5 平 6。

7. 车六平四。

红胜。

该局红方以抽将战术取胜。

第 76 局　闪击解杀

着法:红先胜(图 76)

1. 马八退六,士 5 进 4。

2. 马六进四,将 5 平 6。

3. 马四进三,将 6 平 5。

4. 马三退四,将 5 平 6。

5. 车二进八,将 6 进 1。

6. 马四退二,将 6 平 5。

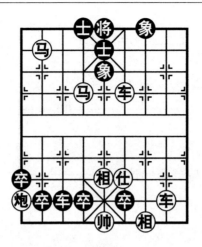

图 76

7. 车二退一,将 5 退 1。

8. 马二进三,将 5 进 1。

9. 车四平七……

闪击!此招一出,红解杀还杀!妙极、恶极!

9. ……将 5 平 4。

黑如车 3 退 5,红则马三退四连杀。

10. 马三退五,士 4 进 5。

11. 车七进二,车 3 退 7。

12. 炮九平六。

红胜。

该局红方以闪击战术获胜。

第 77 局　进炮困将

着法:红先胜(图 77)

1. 炮三平四,车 7 平 6。

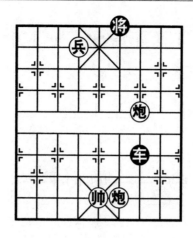

图 77

2. 前炮进三,车 6 退 1。

3. 兵六平五,车 6 进 1。

4. 兵五进一。

该局第二着红方进炮封锁黑将,最终以封锁战术取胜。

第 78 局　将军脱袍

着法:红先胜(图 78)

1. 马二进三,将 5 平 6。

2. 相五进三……

红将军脱袍,借帅造杀。

2. ……车 2 平 9。

3. 相三退一……

拦截! 伏马三进二连杀之招。

3. ……车 9 退 1。

4. 炮一平八,象 1 进 3。

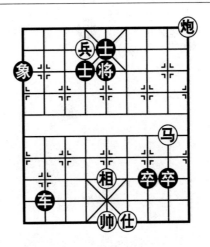

图 78

黑如士 5 退 6,红则马三进二;将 6 退 1,炮八退一;士 6 进 5,兵六平五,红亦胜。

5. 炮八退二,象 3 退 5。

6. 兵六平五。

以下黑无法防守红方马三进二和马三退五的双重杀着,红胜。

该局红方以拦截战术获胜。

第 79 局　闪击得子

着法:红先胜(图 79)

1. 前车进六,将 6 进 1。

2. 前车退一,将 6 退 1。

3. 前车平五……

闪击! 红车占花心,解杀还杀,着法精妙、凶狠。

3. ……车 5 进 1。

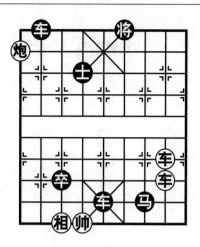

图 79

因红有车二进七的杀着,黑进车叫将引离红花心车也是无奈之举。

4. 车五退八,马 7 进 5。

5. 车二进七,将 6 进 1。

6. 车二平八。

红胜。

该局红方以闪击战术获胜。

第 80 局　兑炮使马

着法:红先胜(图 80)

1. 马五退三,将 6 进 1。

2. 马三进二,将 6 平 5。

黑如将 6 退 1,红则炮五平一,红胜。

3. 马六退七,将 5 平 4。

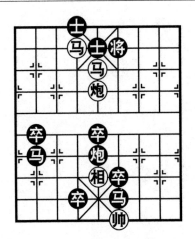

图 80

4. 马七进八,将 4 平 5。

5. 炮五退三……

兑炮！由于黑方将位极差,红双马盘旋,杀机四伏。现兑炮可削弱黑方进攻与防守的力量。

5. ……卒 5 进 1。

6. 马八退七,将 5 平 4。

7. 马二退三,马 2 退 4。

由于黑方中炮被兑去,现献马解杀实属无奈。

8. 马七退六,马 6 退 8。

9. 马三退五,将 4 平 5。

10. 马六进七。

红胜。

该局红方以兑子战术获胜。

三、古谱战术妙招

第81局　左右逢源

着法:红先胜(图81)

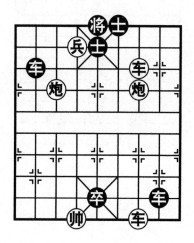

图81

1. 兵六进一,士5退4。

2. 车三平五,车2平5。

红弃车腾挪! 为双炮进攻打开通道。

3. 炮三进三,士6进5。

黑如将5进1,红则车三进八杀。

4. 炮七进三。

红胜。

该局红方采取腾挪战术取胜。

第 82 局　挡住咽喉

着法:红先胜(图 82)

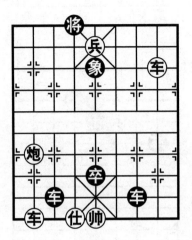

图 82

1. 车二进二,象 5 退 7。

2. 车二平三,车 7 退 8。

3. 炮八平三……

拦截! 黑 7 路车已无用武之地。

3. ……车 3 退 8。

4. 车九进五。

红胜。

第 83 局　借兵助威

着法:红先胜(图 83)

枰面上,双方具有攻击能力的子力基本相等,以下请看红方如何

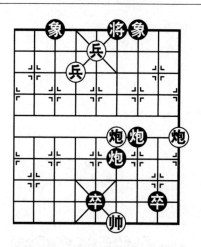

图 83

以先行之利获胜?

1. 炮一进四……

红选位正确!既有重炮杀势,又有可持续发展规划。红如炮一进五,黑则象 7 进 5,空着。

1. ……炮 7 退 1。

2. 炮四进一,炮 7 退 1。

3. 炮四进一,炮 7 退 1。

4. 炮四进一,炮 7 退 1。

红炮连续数步拦截,将黑 7 路炮逼至被红方利用的尴尬境地。

5. 兵五平四,将 6 平 5。

6. 炮一进一,象 7 进 9。

7. 炮四平二,炮 7 平 8。

8. 兵六进一,卒 8 平 7。

9. 兵六平五,将 5 平 4。

10. 兵四进一,炮 8 退 1。

11. 兵四平五。

红胜。

该局红方以拦截战术获胜。

第 84 局　减灶行兵

着法:红先胜(图 84)

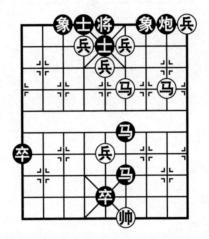

图 84

1. 兵五进一,士 4 进 5。

2. 兵四平五,将 5 平 6。

3. 兵五进一,将 6 平 5。

4. 马二进四,将 5 平 6。

5. 前马进二,将 6 平 5。

6. 马四进三,将 5 平 6。

7. 马三退五,将 6 进 1。

8. 马五退三,后马退7。

9. 马二退三,将6进1。

至此,黑马被牵制。此着黑如改走将6退1,红则兵六平五,红速胜。

10. 兵一平二,卒1平2。

11. 兵五进一,卒2平3。

12. 兵五进一,卒3平4。

13. 兵五进一,卒4平5。

14. 兵二平三,卒5平6。

15. 兵五进一。

红捷足先登。

该局红方以牵制战术获胜。

第85局　漏网过滩

着法:红先胜(图85)

1. 马七进五,炮6退2。

黑如炮7退1,红则兵五平六;将4进1,兵八平七;将4退1,马五退四;炮7进1,兵七平六,红速胜。

2. 兵五平六,将4进1。

3. 兵八平七,将4退1。

4. 马五退六……

红如误走马五退四,黑则炮6进1,反为黑胜。

4. ……炮6进9。

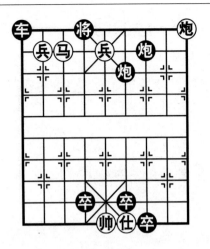

图 85

5. 马六进五,炮 7 退 1。

6. 马五退三。

堵塞! 至此,红方以堵塞战术取胜。

第 86 局　八阵图

着法:红先胜(图 86)

1. 车三进五,士 5 退 4。

2. 车三退一……

红抽将选位,为取得战斗胜利抢占制高点。

2. ……士 6 进 5。

3. 车二进三,士 5 退 6。

4. 车三平五,士 4 进 5。

5. 车二退一……

红再次抽将选位,战斗的进展又上了一个新台阶。

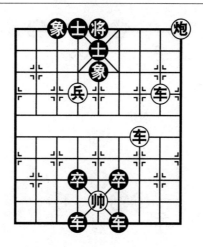

图 86

5. ……象 5 退 7。

6. 车二平五,将 5 平 4。

7. 车五进一,将 4 进 1。

8. 兵六进一,将 4 进 1。

9. 车五平六。

千里照面杀!

该局红方以抽将战术获胜。

第 87 局　江心下钓

着法:红先胜(图 87)

1. 车八平五,士 4 进 5。

红弃车引离,为底车出动并配合马、炮攻杀打造平台。

2. 车八进九,士 5 退 4。

3. 兵四平五,将 5 进 1。

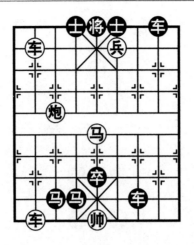

图 87

红再弃兵引离,把黑将引至红方火力网。

4. 马五进四,将 5 退 1。

5. 炮七进四,士 4 进 5。

6. 炮七退二……

红抽将选位,占领有利位置。

6. ……士 5 退 4。

7. 马四进六,将 5 进 1。

8. 车八退一。

红胜。

该局红方施展引离与抽将的战术组合,最终获胜。

第 88 局 参辰卯酉

着法:红先胜(图 88)

1. 炮九进七,马 3 退 1。

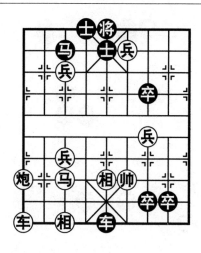

图 88

红方弃炮,酝酿困子计划。

2. 相七进九,车 5 平 1。

3. 相五退七。

至此,黑车、马被困,红渡兵必胜。

该局红以困子战术获胜。

第 89 局　逢山开路

着法:红先胜(图 89)

1. 前车平四……

弃车腾挪! 是具有远见的一着。

1. ……后车退 1。

2. 车五进七,将 6 进 1。

3. 兵二平三,将 6 进 1。

4. 车五退二,象 3 进 5。

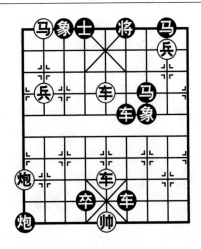

图 89

红弃车引离,为八路马创造战机。

5. 马八退六,士 4 进 5。

6. 炮九进五,象 5 进 3。

7. 马六退八,象 3 退 5。

8. 马八退六。

红胜。

第 90 局　循序渐进

着法:红先胜(图 90)

1. 车八平六,将 4 进 1。

2. 车七平六,将 4 进 1。

红两步弃车吸引,把黑将引入红方埋伏圈。

3. 兵六进一,将 4 退 1。

4. 兵六进一,将 4 退 1。

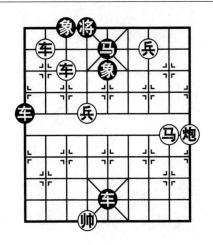

图 90

5. 兵六进一,将 4 平 5。

6. 兵六进一,将 5 平 6。

7. 兵三平四,将 6 进 1。

8. 马二进三,将 6 进 1。

9. 马三进二,将 6 退 1。

10. 炮一进四。

红胜。

该局红方以弃子与吸引的战术组合取胜。

第 91 局 三献刖足

着法:红先胜(图 91)

1. 车二进九,象 9 退 7。

2. 车二平三,象 5 退 7。

弃车引离! 削弱对方中路的防守力量。

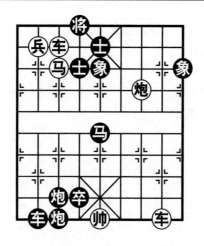

图91

3. 车七进一,将4进1。

4. 炮三平六,马5退4。

再次弃炮引离!彻底摧毁黑方中防工事。

5. 车七平六,士5退4。

6. 马七进八,后炮退8。

7. 兵八平七。

红胜。

该局主要采用引离战术获胜。

第92局　担雪填井

着法:红先胜(图92)

1. 车三进一,车9平7。

2. 炮八进二,象1退3。

红方以上两着车、炮腾挪让位,为双马进攻铺平道路。

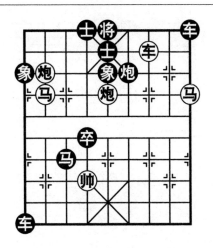

图92

3. 马八进七,将5平6。

4. 马一进三,车7进2。

5. 炮五平四。

闷将,红胜。

该局红方以弃子与闷将的战术组合取胜。

第93局 鱼骇月钩

着法:红先胜(图93)

1. 前车进一,将4进1。

2. 马八进七,马1退3。

黑如将4进1,红则马七进八,红速胜。

3. 后车进二,将4进1。

4. 前车平六……

弃车引马,为后车进攻创造条件。

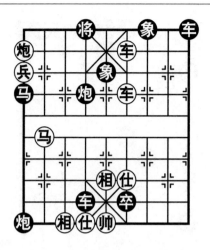

图 93

4. ……马 3 退 4。

5. 车四平六,炮 4 退 2。

红再弃车,引黑炮后退堵塞将路,并为七路马照将疏通道路。

6. 马七退五。

红胜。

红方实施堵塞战术,使黑方子力自相堵塞,而后回马照将取胜。

第 94 局　风骠骏马

着法:红先胜(图 94)

1. 兵四平五,将 5 平 4。

2. 兵五进一,将 4 平 5。

3. 车三平五,将 5 平 4。

4. 兵七进一,将 4 退 1。

5. 车五平六,士 5 进 4。

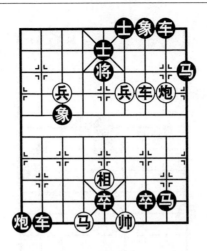

图 94

6. 兵七平六,将 4 平 5。

7. 车六平五,象 3 退 5。

8. 车五进一,象 7 进 5。

9. 炮二平五,象 5 进 7。

10. 炮五退五,象 7 退 5。

11. 相五退七……

红方腾挪,让出马位,系获胜关键。

11. ……象 5 进 3。

12. 马六进五,象 3 退 5。

13. 马五进六,象 5 进 7。

14. 马六进五,象 7 退 5。

15. 马五进三。

红胜。

本局红方以腾挪战术取胜。

第 95 局　自焚厥尸

着法:红先胜(图 95)

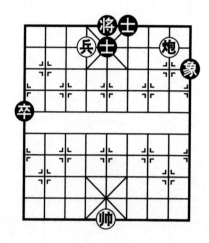

图95

1. 兵六平七……

红兵移出九宫颇具远见。如改走炮二进一,黑则象 9 退 7;兵六平五,将 5 平 4;炮二平四,红不能胜。

1. ……卒 1 进 1。

2. 兵七进一……

封锁黑将! 乃获胜关键。

2. ……卒 1 平 2。

3. 炮二退二,象 9 退 7。

4. 炮二平八,象 7 进 5。

红炮平八路,是良好的顿挫战术。

5. 炮八平五,卒 2 平 3。

6. 帅五平六,卒3平4。

7. 帅六进一,卒4进1。

8. 炮五退一。

至此,黑卒被牵,黑将被困毙。

该局红方因使用顿挫、牵制、封锁、困毙等战术组合而获胜。

第96局 坐镇边陲

着法:红先胜(图96)

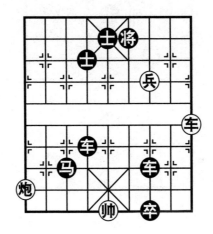

图96

1. 车一平四,士5进6。

2. 车四进三,将6进1。

3. 兵三平四,将6退1。

4. 炮九平四,车7平6。

5. 兵四进一……

借炮使兵,铿锵有力。

5. ······将 6 退 1。

6. 兵四进一。

"太监追皇",红胜。

该局红方使用的是借力战术。

第 97 局　连震春雷

着法:红先胜(图 97)

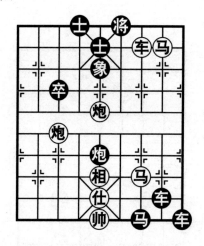

图97

1. 车三进一,将 6 进 1。

2. 马二退三,将 6 进 1。

3. 车三退二,将 6 退 1。

4. 车三平二······

拦截! 隔断黑 8 路车的防守路线。此招系本局的闪光点。

4. ······将 6 退 1。

5. 马三进二,将 6 进 1。

6. 车二平四……

红车已完成使命,现献身引离黑士,为双炮杀奠定基础。

6. ……士5进6。

7. 炮七平四,士6退5。

8. 炮五平四。

红胜。

本局红方主要利用拦截战术获胜。

第98局 双雷重震

着法:红先胜(图98)

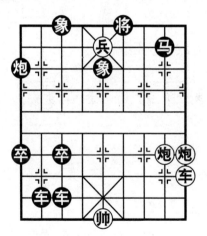

图98

1. 车一平四,马8进6。

2. 炮二平四,马6进7。

3. 炮四平六,马7退6。

4. 炮一平四,马6进7。

5. 炮四平七,马 7 退 6。

6. 炮六平四,马 6 进 7。

7. 炮四平九,马 7 退 6。

8. 炮七平四,马 6 进 7。

9. 炮四平八……

以上着法中,红借车使炮,现红方双炮均已到达战斗位置。

9. ……马 7 退 6。

10. 车四进五,炮 1 平 6。

11. 炮九进六,象 3 进 1。

12. 炮八进六。

红胜。

本局红方以借力战术获胜。

第 99 局　扫雪填井

着法:红先胜(图 99)

1. 兵七进一,将 4 退 1。

2. 马三进四……

红方使用封锁战术。现弃马,封锁黑将登顶的路线。

2. ……士 5 退 6。

3. 兵七进一,将 4 退 1。

由于红方的封锁,黑将不能登顶。如果黑将能登顶,则红方必败。

4. 炮一进二,士 6 进 5。

5. 兵四进一,象 5 退 7。

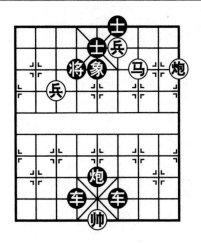

图99

6. 兵四平三,士5退6。

7. 兵三平四,炮5退7。

8. 兵四平五。

红胜。

本局红方妙用封锁战术获胜。

第100局 荆轲渡易

着法:红先胜(图100)

1. 炮一平九……

解杀! 必走之着。

1. ……车1平2。

2. 前车进五,将5进1。

3. 前车退一,将5退1。

4. 前车平八……

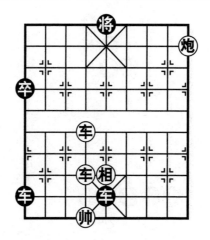

图 100

解杀还杀! 精妙之着。

4. ⋯⋯车 2 退 7。

黑如车 2 平 4,红则车六退一;车 5 平 4,帅六进一,亦红胜。

5. 车六进七。

红胜。

本局红方以解杀还杀战术获胜。

第 101 局　玄机善转

着法:红先胜(图 101)

1. 车四平五,士 6 进 5。

红弃车让出马路。至此,形成红方无车对黑方有车的险恶局面。

2. 马二进三,将 5 平 6。

3. 炮五平四,士 5 进 6。

4. 马四进六,士 6 退 5。

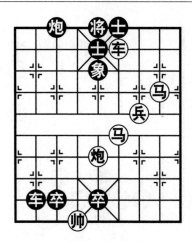

图 101

5. 马六进四, 士 5 进 6。

6. 马四进六, 士 6 退 5。

7. 马三退四, 士 5 进 6。

8. 马四退六, 士 6 退 5。

9. 后马退四, 士 5 进 6。

10. 马四进三, 士 6 退 5。

11. 马三进二, 将 6 进 1。

以上红方采取借力战术, 使双马移形换步, 进入决战阵地。

12. 马二退四, 将 6 进 1。

红弃子吸引, 把黑将引入红方火力网。

13. 兵三平四。

红胜。

第 102 局 脱颖而出

着法: 红先胜 (图 102)

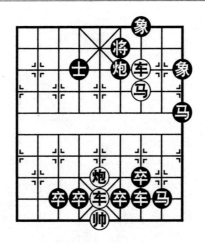

图 102

1. 车三进一,将 6 退 1。

2. 车三平四,将 6 平 5。

3. 马三进五,士 4 退 5。

4. 车四平五,将 5 平 6。

5. 炮五平四,卒 7 平 6。

红实施弃子战术,拆除红后车前进的路障。

6. 前车平四,将 6 进 1。

红弃子,把黑将引至红方火力点。

7. 马五进六,将 6 退 1。

8. 车五进八,将 6 进 1。

9. 车五平三。

红胜。

第 103 局 匹马盘旋

着法:红先胜(图 103)

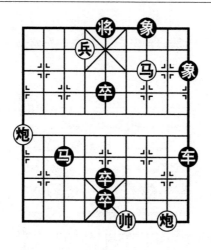

图 103

1. 炮二进九,象 7 进 5。

2. 兵六平五,将 5 平 4。

3. 马三进四,象 5 退 7。

4. 马四退六,象 7 进 5。

5. 炮九平六,马 3 退 4。

6. 马六进八,马 4 退 2。

7. 马八退七,马 2 退 3。

8. 马七退六,马 3 进 4。

9. 马六进八,马 4 退 2。

10. 马八进六,马 2 进 4。

黑如马 2 退 4,红则马六进八,红胜。

11. 马六进五。

双将,红胜。

该局红方利用双将战术,最终获胜。

第 104 局　人后必穷

着法:红先胜(图 104)

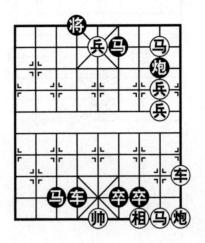

图 104

1. 车一进七,马 6 退 8。

2. 车一平二,炮 8 退 2。

红采用弃子战术,发挥一路炮的进攻能力。

3. 炮一进九,炮 8 进 3。

4. 马二进四,炮 8 退 3。

5. 马四退二……

红如马四退三,黑则炮 8 进 9,黑胜。

5. ……炮 8 进 4。

6. 马二进四,炮 8 退 4。

7. 马四退三,炮 8 进 2。

8. 马三进二。

红胜。

该局红方自弃车后即开始施展马、炮抽将战术,直至获胜。

第 105 局　三犯士林

着法:红先胜(图 105)

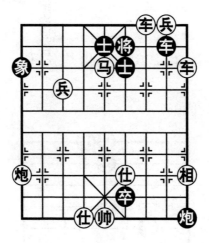

图 105

1. 车三平四……

红方施展弃子战术。

1. ……将 6 退 1。

2. 车一平四,将 6 平 5。

黑平将保留杀势。如车 8 平 6,红则兵二平三;将 6 平 5,车四进一,红胜定。

3. 马五进七,将 5 平 4。

4. 车四平六,士 5 进 4。

红连弃双车,将弃子战术贯彻到底。

5. 炮九平六, 士 4 退 5。

6. 兵七平六, 士 5 进 4。

7. 兵六进一, 车 8 平 4。

8. 兵六进一, 将 4 进 1。

9. 马七退六。

红胜。

第 106 局　借炮使马

着法:红先胜(图 106)

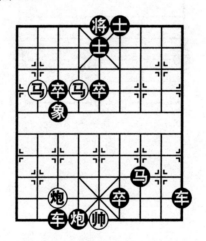

图 106

1. 马八进七, 将 5 平 4。

2. 炮七平六, 士 5 进 4。

3. 马六退五……

自此, 红方采取借力战术, 调整马位, 在运动中, 消灭对方子力, 为最后胜利扫除障碍。

3. ……士4退5。

4. 马五退六,士5进4。

5. 马六进四,士4退5。

6. 马四进六,士5进4。

7. 马六进五,士4退5。

8. 马五进六,将4平5。

黑如将4进1,红则马七退六后再进四连杀。

9. 马六退七,将5平4。

10. 前马退六,士5进4。

11. 马六进四,士4退5。

12. 马七进八。

红胜。

第107局　制外安内

着法:红先胜(图107)

1. 炮五退一……

在一般情况下,黑方单车加士、象全是可以守和红方车炮单缺相的,但此局黑车占位较差,红方可以利用迂回战术取胜。

1. ……车7平8。

黑如车7进1,红则仕四退五;车7退1,仕五退六,红胜。

2. 车四退二,车8平7。

黑如车8进3,红则仕四退五;车8平3,车四进二;车3退3,仕五退六,红胜。

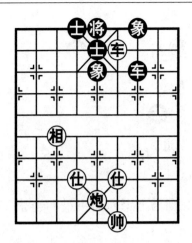

图 107

3. 炮五进六,象 7 进 9。

4. 仕四退五,车 7 退 2。

5. 车四进一,象 9 进 7。

6. 帅四进一,车 7 平 8。

红方利用等着战术迫使黑车撤出 7 路。

7. 车四平三,车 8 平 6。

8. 仕五进四,车 6 进 3。

9. 车三进二,车 6 退 3。

10. 车三退四。

红破象胜。

第 108 局　登高履险

着法:红先胜(图 108)

1. 车六退三,将 6 进 1。

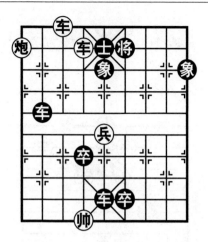

图108

黑如士5进6,红则车七退一;士6退5,车六平八,红胜定。

2. 车六平四,车2平6。

以上两着,红方利用抽将与引离的战术组合,破解了黑方杀着。

3. 车七平二,车5平4。

4. 帅六进一,卒4进1。

5. 帅六进一……

红如误走帅六退一,黑则卒4进1连杀。

5. ……车6平4。

6. 帅六平五,车4退3。

7. 车二退八,象5进7。

8. 兵五进一,车4平1。

9. 车二平四,将6平5。

10. 兵五进一,将5平4。

11. 车四平六。

红胜。

第 109 局　力敌万众

着法:红先胜(图 109)

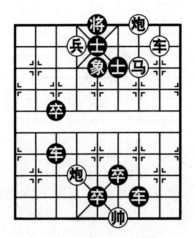

图 109

该局黑方子力强大,红方如不采用正确战术,则必败。

1. 车二平五……

红方弃子! 为以下马、炮、兵连攻创造条件。

1. ……士 6 退 5。

2. 兵六平五,将 5 平 4。

3. 马三进四……

红再弃一炮,继续贯彻弃子战术。

3. ……象 5 退 7。

4. 马四退六,车 3 平 4。

5. 马六进八,车 4 进 1。

6. 马八退七。

红胜。

第 110 局　远猎山林

着法：红先胜(图 110)

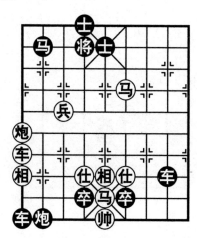

图 110

1. 车九平六,马 2 进 4。

黑如士 5 进 4,红则炮九进四后再车六进四,红速胜。

2. 车六进四,士 5 进 4。

红采用弃子战术,为以下马、炮、兵联攻打造平台。

3. 炮九平六,士 4 退 5。

4. 兵七平六,士 5 进 4。

5. 兵六平五,士 4 退 5。

红兵借炮力,迂回至战略要地。

6. 马四进六,将 4 进 1。

红再弃一马,为最后胜利壮烈牺牲。

7. 炮六退三,将4平5。

8. 兵五进一,将5平6。

9. 炮六平四。

红胜。

第111局　三请诸葛

着法:红先胜(图111)

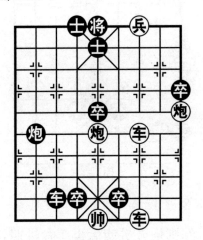

图111

1. 兵三平四,将5平6。

2. 前车进五,将6进1。

3. 后车进八,将6进1。

4. 后车退一,将6退1。

5. 前车退一,将6退1。

6. 后车平四,士5进6。

7. 车三平四,将6进1。

至此,红方利用弃子战术,已连弃双车和一兵。第七着红方弃车,
把黑将吸引至不利位置。

8. 炮一平四,士 6 退 5。

9. 炮五平四。

红胜。

第 112 局　　行监坐守

着法:红先胜(图 112)

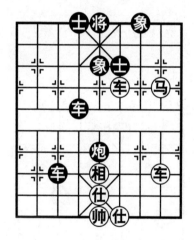

图 112

1. 马二进四,将 5 平 6。

2. 马四进三,将 6 平 5。

3. 马三退四,将 5 平 6。

4. 车二进七,将 6 进 1。

5. 车二退一,将 6 退 1。

6. 马四退二,将 6 平 5。

7. 马二进三,将 5 进 1。

8. 车四平七……

红献车,解杀还杀! 至此,红已胜券在握。

8. ……将 5 平 4。

9. 马三退五,士 4 进 5。

10. 马五退六,车 3 退 4。

11. 马六退五。

红多子,胜定。

第 113 局　野马舞风

着法:红先胜(图 113)

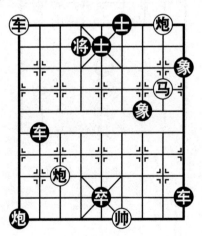

图 113

1. 车九退一,将 4 进 1。

2. 车九退一,将 4 退 1。

红方采取顿挫战术,使红车占据有利位置。

3. 炮二退一,士 5 进 6。

4. 马二进三,士 6 退 5。

黑如士 6 进 5,红则车九平六;将 4 进 1,马三退四;将 4 平 5,炮二退一,红速胜。

5. 车九平六,将 4 进 1。

6. 马三退四,将 4 平 5。

7. 马四退六,将 5 平 4。

8. 炮七平六,车 2 平 4。

9. 马六进四……

双将!使黑车无暇撤出不利位置。

9. ……将 4 平 5。

10. 马四进三。

红胜。

第 114 局 停车绊马

着法:红先胜(图 114)

1. 车一平四……

算度深远。红方此着意在弃车堵塞,致使黑方马路不畅,红方以下进攻可以避开黑方火力网。

1. ……炮 6 退 3。

2. 马七进五,士 4 退 5。

黑如将 6 平 5,红则炮七平五;士 4 退 5,车八进一,红速胜。

3. 车八进一,将 6 进 1。

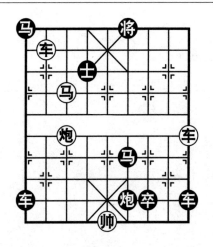

图 114

4. 马五退三,将 6 进 1。

5. 马三退五,将 6 退 1。

6. 炮七进四,士 5 退 4。

7. 马五进六,将 6 进 1。

8. 炮七退一。

红胜。

第 115 局　长鲸授首

着法:红先胜(图 115)

该局很有实用性。此杀法在实战中经常出现。

1. 车八进七,将 4 进 1。

2. 车八退一,将 4 退 1。

以上两着,红车顿挫选位,进入伏击点。

3. 炮二退一,士 5 进 6。

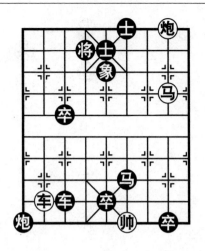

图 115

4. 马二进三,士6进5。

5. 车八平六……

红弃车吸引,把黑将引向高处不胜寒的境地。

5. ……将4进1。

6. 马三退四。

红胜。

第116局 异地同心

着法:红先胜(图116)

该局红方没有连杀,而黑方有连杀。现红方当务之急是化解黑方的连杀之势。

1. 车二进七,将6进1。

2. 车二退一,将6退1。

3. 车二平五……

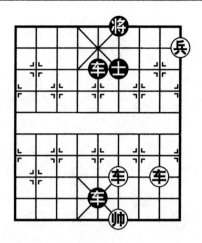

图 116

红方采用兑子战术,一举化解黑方攻势。

3. ……后车退 1。

4. 车四进五,后车平 6。

5. 车四进一,将 6 平 5。

至此,形成红方车、低兵例胜黑单车的局面。

6. 兵一平二,车 5 退 2。

7. 兵二平三,车 5 退 1。

8. 车四进一,将 5 进 1。

9. 兵三平四,将 5 平 4。

10. 车四平七,车 5 退 1。

11. 车七退五,将 4 进 1。

12. 车七平四,车 5 退 1。

13. 兵四平五,将 4 平 5。

14. 兵五平六,将 5 平 4。

15. 车四进四,车 5 进 1。

16. 车四平五。

红再次施展兑子战术。至此,红方车占中路,胜定。

第 117 局　老而不倦

着法:红先胜(图 117)

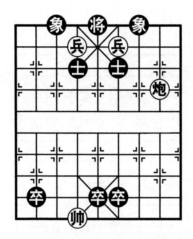

图 117

1. 炮二平四,士 6 退 5。

2. 炮四平五,士 5 进 6。

红方以顿挫战术使红炮抢占中路。如不顿挫,首着走炮二平五,黑则卒 2 平 3,黑胜定。

3. 兵六平五,将 5 平 4。

4. 兵四进一……

红方借红帅牵制黑方 4 路士之机,毅然进四路兵至底线要杀,迫使黑方退 6 路士,给黑方造成作茧自缚的困境。

4.······士6退5。

5. 兵四平五,将4进1。

6. 炮五平六。

红胜。

第118局 涂廪浚井

着法:红先胜(图118)

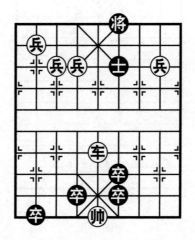

图118

1. 车五进六,将6进1。

2. 兵二平三,前卒进1。

3. 帅五平四,士6退5。

黑方退士要杀,红方似乎陷入绝境。

4. 兵三进一,将6进1。

5. 帅四平五,卒6平5。

黑方再次要杀。

6. 兵六平五,将 6 平 5。

7. 帅五平四,卒 4 平 5。

8. 车五平二,后卒平 6。

黑方双要杀。

9. 车二退二,士 5 进 6。

10. 兵七平六,将 5 退 1。

11. 兵三平四,将 5 平 6。

红弃兵引离,化解黑方双杀阵势。

12. 车二退六……

红方施展兑子战术,计划用一车换取双卒,以多子取胜。

12. ……卒 6 进 1。

13. 车二平四,卒 5 平 6。

14. 帅四进一。

红胜定。

第 119 局　四门斗底

着法:红先胜(图 119)

1. 车五平二,前卒 4 平 5。

2. 帅五平六,将 5 平 6。

3. 车二进七,将 6 进 1。

4. 车二退六……

红方施展顿挫战术,如直接走车二退二,黑则将 6 退 1;车二平四,将 6 平 5;车四退四,卒 4 进 1,黑胜定。

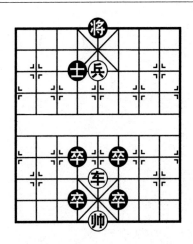

图 119

4. ······后卒平 5。

黑如卒 4 平 5,与主着基本相同。

5. 车二进四,将 6 退 1。

6. 兵五平四,将 6 平 5。

7. 兵四进一,将 5 平 4。

如红方第四着不用顿挫战术令黑后卒平 5,此时黑可走卒 5 进 1 连杀。

8. 车二平六,将 4 平 5。

9. 车六进 1,卒 6 进 1。

10. 兵四平五,将 5 平 6。

11. 车六进一。

红胜。

第 120 局　四面设网

着法:红先胜(图 120)

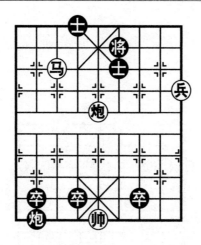

图 120

1. 炮五平七……

红施展腾挪战术。现平炮亮帅叫杀。

1. ……炮 2 平 4。

黑如士 6 退 5，与主着胜法基本相同。

2. 马七退五，将 6 退 1。

3. 马五进三，将 6 进 1。

4. 炮七进四，士 6 退 5。

5. 马三退五，将 6 进 1。

6. 马五退三，将 6 退 1。

7. 马三进二，将 6 进 1。

8. 炮七退一，士 5 退 6。

9. 炮七平一，卒 7 平 6。

10. 炮一退一。

红胜。

第 121 局　群鼠争穴

着法:红先胜(图121)

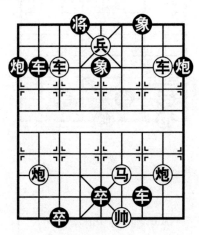

图 121

该局黑方有多种杀着,而红方看似很难成杀,实则可以利用弃子腾挪,引开黑方子力。

1. 车七进二,象5退3。

红方弃子引离中象,为二路车挪位创造条件。

2. 车二平六,炮1平4。

红弃子吸引,将黑炮引至4路为己所用。黑如改走车2平4,红则炮二进七;象7进5,炮八进七,红胜。

3. 炮二进七,象7进5。

4. 炮八平六,炮4平3。

5. 马四进六,炮3平4。

6. 马六进五,炮4平3。

140

7. 马五进六。

红胜。

第122局　尽善克终

着法:红先胜(图122)

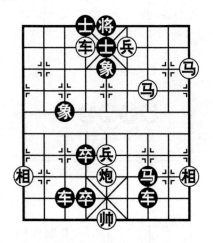

图122

1. 兵四进一,将5平6。

2. 马三进二,将6平5。

3. 马一进三,将5平6。

4. 马三退五,将6平5。

5. 马五进三,将5平6。

6. 车六进一,将6进1。

黑如士5退4,红则马三退四;将6进1,马四进二,红速胜。

7. 马二退三,将6进1。

8. 车六平四,士5退6。

红方以弃子战术攻杀,为三路前马占领有利位置打造平台。

9. 前马进五,士6进5。

10. 炮五进六。

至此,红胜。

黑如续走前卒平5,红则炮五退七,解杀还杀,红胜。

第 123 局　士马如云

着法:红先胜(图 123)

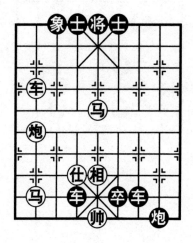

图 123

1. 马五进四,将5进1。

2. 车八进二,将5进1。

3. 车八退一,将5退1。

4. 马四退六,将5退1。

5. 车八平五,士4进5。

黑如士6进5,红则马六进四;将5平6,炮八平四,红速胜。

6. 马六进四,将 5 平 4。

7. 车五平六……

红实施弃子战术,为八路炮投入战斗打造平台。

7. ……士 5 进 4。

8. 炮八平六,士 4 退 5。

9. 炮六退三,士 5 进 4。

10. 仕六退五,士 4 退 5。

11. 马八进六,士 5 进 4。

12. 马六进八,士 4 退 5。

13. 马八进六,士 5 进 4。

14. 马六进七,士 4 退 5。

15. 马七进八。

以上几着,红用借力战术运马至敌阵,一举歼敌。

第 124 局　计定千里

着法:红先胜(图 124)

1. 车二进一,将 6 进 1。

黑如象 5 退 7,红则车二平三;将 6 进 1,车三退一;将 6 进 1,车三退一;将 6 退 1,马一进二,红速胜。

2. 炮五进六,士 4 进 5。

红炮击中士,实施解杀还杀战术,此时黑如改走车 6 平 5,红则炮五退七;士 4 进 5,车七平五;将 6 进 1,车二退二,红胜。

3. 车二退一,将 6 退 1。

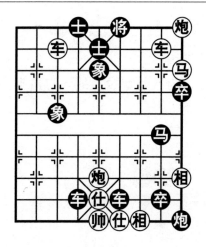

图 124

4. 马一进二,象 5 退 7。

5. 车七进一,士 5 退 4。

6. 车七平六,车 4 退 8。

红弃车,逼黑 4 路车撤离激烈的战场。此乃围魏救赵之计。

7. 车二平五。

至此,黑无法阻止红方马二退三双将的凶招,红胜。

第 125 局　遇水叠桥

着法:红先胜(图 125)

1. 兵四进一,车 7 平 6。

2. 马二进三,车 6 进 1。

3. 车二进五,士 5 退 6。

4. 车二平四,将 5 进 1。

5. 车四退一,将 5 退 1。

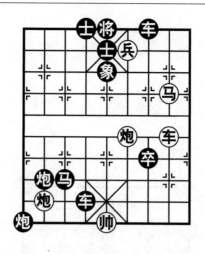

图 125

6. 车四平六,将 5 平 6。

7. 车六进一,车 4 退 8。

红方采用弃子引离战术,调开黑 4 路车后,红八路炮即可投入战斗。

8. 炮八平四,卒 7 平 6。

9. 前炮平五……

此招为抽将选位战术,红炮占中后,限制黑将活动范围,以下红借炮使马,巧妙取胜。

9. ……卒 6 平 7。

10. 马三退四,卒 7 平 6。

11. 马四退二,卒 6 平 7。

12. 马二进三,将 6 进 1。

13. 马三退四,卒 7 平 6。

14. 马四退二,卒 6 平 7。

15. 马二退四。

红胜。

第 126 局　五虎靠山

着法:红先胜(图 126)

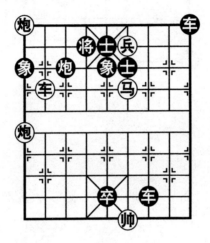

图 126

1. 车八平六,炮 3 平 4。

2. 车六进一,士 5 进 4。

3. 后炮平六,士 4 退 5。

4. 马四退六,士 5 进 4。

5. 马六退八,士 4 退 5。

红马借炮势抽将选位。

6. 马八进七,将 4 退 1。

黑如将 4 进 1,红则马七进八连杀。

7. 马七进八,将 4 平 5。

8. 炮六进五,象 5 退 3。

9. 马八退六······

此为红方取胜关键！现退马照将,实施引离战术,黑中士被引离后,将失去防守能力。

9. ······士5进4。

10. 炮六退一。

红胜。

第 127 局　入幕之宾

着法:红先胜(图127)

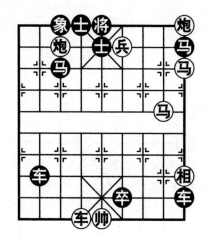

图127

1. 兵四进一,将5平6。

红弃兵吸引,把黑将引至易受攻击的位置。

2. 马二进三,将6平5。

黑如马9进7,红则马一进二,红速胜。

3. 马三进二,马9退7。

4. 马一进三,将 5 平 6。

5. 马二退三,马 7 进 9。

6. 前马退五……

红利用抽将选位造杀。

6. ……将 6 平 5。

黑如马 9 进 7,红则车六进九,红胜。

7. 马三进四,将 5 平 6。

红弃子,再次将黑将吸引至不利位置。

8. 车六进九。

红胜。

第 128 局　选将练兵

着法:红先胜(图 128)

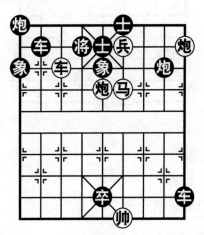

图 128

1. 车七平六,将 4 进 1。

黑如炮 8 平 4,红则炮五平六,以下与主着基本相同。

2. 炮五平六,将 4 退 1。

3. 兵四平五,将 4 退 1。

4. 马四进六,车 2 平 4。

5. 兵五平六,将 4 平 5。

6. 炮六平五,象 5 退 7。

7. 炮一平五,象 7 进 5。

8. 兵六进一……

红弃兵吸引,一举获胜。

8. ……将 5 平 4。

9. 炮五平六。

红胜。

第 129 局　马走羊肠

着法:红先胜(图 129)

1. 车五进四,将 4 退 1。

黑如将 4 平 5,红则炮二进八,红速胜。再如将 4 进 1,马三退四,红胜。

2. 车五进一,将 4 进 1。

3. 炮二进八,将 4 进 1。

4. 马三退四,将 4 退 1。

5. 马四进五,将 4 进 1。

6. 马五进七,将 4 退 1。

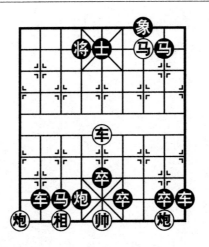

图 129

7. 车五退一,将 4 退 1。

8. 炮九进九,车 2 退 8。

9. 马七退六,车 2 进 2。

10. 车五进一,将 4 进 1。

11. 马六进四。

红胜。

第 130 局   法场换子

着法:红先胜(图 130)

1. 兵六平五,士 6 进 5。

2. 兵四平五,将 5 平 4。

3. 马七退六,炮 1 平 4。

4. 马六退四,炮 4 平 1。

5. 马四退六,炮 1 平 4。

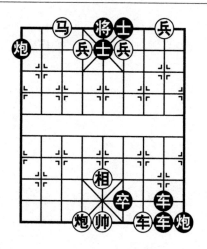

图 130

6. 马六退七,炮 4 平 1。

7. 马七退六,炮 1 平 4。

8. 马六退四,炮 4 平 1。

以上马借炮力,飞奔防区,换出三路红车参战。

9. 车三进九。

红胜。

该局以借力战术获胜。